A ORALIDADE NA ESCOLA

A investigação do trabalho docente como foco de reflexão

Coleção
LÍNGUA PORTUGUESA NA ESCOLA

autêntica

A ORALIDADE NA ESCOLA

A investigação do trabalho docente como foco de reflexão

Telma Ferraz Leal
Siane Gois (Orgs.)

1ª edição
1ª reimpressão

Copyright © 2012 As organizadoras
Copyright desta edição © 2012 Autêntica Editora

Todos os direitos reservados pela Autêntica Editora Ltda. Nenhuma parte desta publicação poderá ser reproduzida, seja por meios mecânicos, eletrônicos, seja via cópia xerográfica, sem autorização prévia da Editora.

CONSELHO EDITORIAL DA COLEÇÃO LÍNGUA PORTUGUESA NA ESCOLA
Ana Teberosky (Universidade de Barcelona); Anne-Marie Chartier (INRP/Paris); Artur Gomes de Morais (UFPE); Cancionila Janzkovski Cardoso (UFMT); Ceris Salete Ribas da Silva (UFMG); Edmir Perrotti (ECA/USP); Telma Ferraz Leal (UFPE)

EDITORAS RESPONSÁVEIS
Rejane Dias
Cecília Martins

CAPA
Alberto Bittencourt

REVISÃO
Lílian de Oliveira

DIADRAMAÇÃO
Conrado Esteves

**Dados Internacionais de Catalogação na Publicação (CIP)
Câmara Brasileira do Livro, SP, Brasil**

A oralidade na escola : a investigação do trabalho docente como foco de reflexão / Telma Ferraz Leal, Siane Gois (organizadoras) – 1. ed.; 1. reimp. – Belo Horizonte : Autêntica Editora, 2024. (Coleção Língua Portuguesa na Escola, 3)

ISBN 978-85-65381-17-8

1. Comunicação oral 2. Educadores - Formação 3. Fala 4. Linguagem 5. Oralidade 6. Pedagogia 7. Sala de aula - Direção I. Leal, Telma Ferraz. II. Gois, Siane. III. Série.

12-03142   CDD-371.3

Índices para catálogo sistemático:
1. Oralidade na sala de aula : Pedagogia : Educação 371.3

Belo Horizonte
Rua Carlos Turner, 420
Silveira . 31140-520
Belo Horizonte . MG
Tel.: (55 31) 3465 4500

São Paulo
Av. Paulista, 2.073 . Conjunto Nacional
Horsa I . Sala 309 . Bela Vista
01311-940 . São Paulo . SP
Tel.: (55 11) 3034 4468

www.grupoautentica.com.br
SAC: atendimentoleitor@grupoautentica.com.br

7   Apresentação

13 Capítulo 1
A oralidade como objeto de ensino na escola:
o que sugerem os livros didáticos?
Telma Ferraz Leal, Ana Carolina Perrusi Brandão
e Juliana de Melo Lima

37 Capítulo 2
Ensino de oralidade: revisitando documentos
oficiais e conversando com professores
Ewerton Ávila, Gláucia Nascimento e Siane Gois

57 Capítulo 3
Sala de aula: espaço também da fala
Ana Lima e Normanda Beserra

73 Capítulo 4
Entrevistas: propostas de ensino em livros didáticos
Telma Ferraz Leal e Ana Gabriela de Souza Seal

95 Capítulo 5
Esclarecendo o trabalho com a oralidade:
uma proposta didática
Cristina Teixeira Vieira de Melo, Beth Marcuschi
e Marianne Bezerra Cavalcante

115 Capítulo 6

Atenção, senhores ouvintes:
as notícias nas ondas do rádio

*Carmi Ferraz Santos, Débora Amorim Gomes da Costa-Maciel
e Maria Lúcia Ferreira de Figueiredo Barbosa*

137 Capítulo 7

E a língua falada se ensina?
A lenda como objeto para o ensino da oralidade

Danielle da Mota Bastos e Jaciara Josefa Gomes

161 Capítulo 8

O gênero *seminário*: habilidades a serem desenvolvidas
e o papel da mediação docente

*Julliane Campelo do Nascimento, Leila Nascimento da Silva e
Marineusa Alvino da Silva Lima*

181 Capítulo 9

A exposição oral na educação infantil: contribuições
para o ensino dos gêneros orais na escola

*Maria Tereza Gomes do Nascimento, Rosa Maria de Souza Leal e
Ana Gabriela de Souza Seal*

193 Os autores

Apresentação

Na escola também se ensina a falar? Por quê?

Sem dúvida, a oralidade é o eixo de ensino menos prestigiado no currículo escolar da Educação Básica e nas práticas de ensino de todos os níveis de escolaridade. Por um lado, há a concepção de que a oralidade é aprendida espontaneamente e que, portanto, não necessita ser ensinada na escola; por outro lado, há a concepção de que as pessoas falam bem, ou não, porque são naturalmente aptas, ou não, a falar e que não é possível ensinar alguém a ser um "bom falante".

Nesta obra, esse tema é discutido na perspectiva de refutar tais ideias e evidenciar que a fala é uma modalidade complexa (em comparação com a escrita), regida por regras e que pode se constituir em objeto de ensino autônomo na escola. Subjacente a todos os textos, está a tese de que existem diferentes modos de falar, próprios das diferentes esferas sociais de interação, e que os modos de aprender também são diferentes. Os autores defendem, por meio de reflexões oriundas de pesquisas desenvolvidas, que muitas habilidades e conhecimentos são necessários para a inserção social por meio da fala. Desse modo, os autores remetem a princípios fundamentais da perspectiva sociointeracionista, enraizada, sobretudo, nos postulados bakhtinianos sobre a língua. O conceito de *gênero textual*, portanto, é central nos textos que compõem esta obra.

Em todos os textos, fica clara a ideia de que não há dúvidas de que a fala não é aprendida apenas na escola. No entanto, o papel dessa instituição pode ser imprescindível para aumentar o poder de participação de diversos grupos sociais, sobretudo os menos "prestigiados" socialmente, em situações sociais em que a oralidade é necessária.

Na verdade, são muitas as situações, muito mais frequentes que as situações em que os indivíduos precisam escrever. Para defender os pontos de vista acima expostos, os autores organizaram a obra em nove capítulos.

Os dois primeiros capítulos abordam o tema por meio do relato de pesquisas diagnósticas, em que se buscou entender como o eixo da oralidade está constituído, hoje, em documentos que circulam na esfera escolar.

No capítulo 1, Telma Ferraz Leal, Ana Carolina Perrusi Brandão e Juliana de Melo Lima discutem sobre a constituição da oralidade como eixo de ensino no currículo do Ensino Fundamental, apontando quatro dimensões importantes a serem contempladas no trabalho docente: valorização de textos de tradição oral; oralização do texto escrito; variação linguística e relações fala e escrita; produção e compreensão de gêneros orais. As autoras apresentam uma pesquisa em que analisaram 16 livros didáticos (quatro coleções destinadas aos anos iniciais do Ensino Fundamental) aprovados no Programa Nacional do Livro Didático, em 2004, e concluem que os livros continham atividades variadas de aprendizagem, contemplando dimensões importantes do trabalho com oralidade. No entanto, as pesquisadoras alertam que algumas habilidades importantes ainda se mostram pouco presentes nas propostas dos livros, sobretudo as necessárias à produção/compreensão de gêneros mais formais, comumente encontrados em instâncias mais públicas de interação.

Ewerton Ávila, Gláucia Nascimento e Siane Gois, no segundo capítulo da obra, também discutem a natureza do trabalho com a oralidade no currículo do Ensino Fundamental. Nesse texto, os autores apresentam dados de uma pesquisa em que analisam como a oralidade é tratada nos Parâmetros Curriculares Nacionais (PCN) e em relatos de professores acerca de como abordam esse eixo de ensino. Os autores salientam que o documento analisado orienta os professores a abordar aspectos importantes do ensino da oralidade e que os professores relataram, nos questionários, que é importante que a escola prepare os alunos para a interação eficiente em situações de fala em contextos do domínio público. Os autores mostram que os docentes demonstram bastante clareza quanto à necessidade de se dar o direito de fala aos indivíduos em situação de aprendizagem, para que eles percebam que podem (e devem) exercitar suas potencialidades para a expressão de suas ideias e defesa de seus pontos de vista e, assim, garantir seus direitos de cidadania. No entanto, os autores alertam que as ações de formação continuada não têm sido suficientes para que os professores desenvolvam trabalhos com os gêneros orais em sala de aula.

Os demais capítulos do livro abordam aspectos do trabalho com a oralidade, enfocando alguns gêneros orais, de modo a refletir como os princípios gerais discutidos nos dois primeiros capítulos se concretizam ou podem se concretizar no cotidiano da sala de aula. Desse modo, os autores exploram alguns gêneros que foram objeto de análise em suas investigações sobre a prática docente.

No capítulo 3, Ana Lima e Normanda Beserra elegem o gênero *debate* para tratar sobre o papel da escola na aprendizagem das regularidades dos gêneros orais. Tratam no texto sobre a complexidade da oralidade, defendendo que, assim como a escrita, ela é regida por regras. Discutem, ainda, o papel do professor como mediador da produção oral dos estudantes, na busca de ajudá-los a encontrar estratégias que permitam o desenvolvimento das habilidades necessárias à sua inserção em situações formais de debate, sobretudo, na fase de planejamento.

As autoras dos capítulos 4 e 5 debruçam-se sobre as entrevistas, buscando entender como se constituem. Telma Ferraz Leal e Ana Gabriela Souza Seal, no capítulo 4, refletem sobre os diferentes tipos de entrevistas e suas peculiaridades. Focam mais detidamente as relações entre fala e escrita em situações variadas de interação, mostrando como o trabalho com entrevistas pode ser favorável à tomada de consciência dessas relações pelos estudantes. Por fim, relatam uma pesquisa em que foi investigado como tal gênero foi explorado em duas coleções de livros didáticos de História destinados aos anos iniciais do Ensino Fundamental.

No capítulo 5, Cristina Teixeira Vieira de Melo, Beth Marcuschi e Marianne Bezerra Cavalcante, também tomando como referência o trabalho com entrevistas, discutem mais detidamente sobre a dimensão multimodal desse gênero (recursos gestuais, expressões faciais, voz e elementos suprassegmentais, que co-ocorrem durante a produção de fala e sobre os processos avaliativos), assim como buscam relacionar os elementos paralinguísticos e cinésicos à noção de multimodalidade. A avaliação também é objeto de atenção das autoras, as quais salientam a dimensão formativa dessa ação docente.

A notícia radiofônica é objeto de atenção no capítulo 6, por meio das análises que Carmi Ferraz Santos, Débora Amorim Gomes da Costa-Maciel e Maria Lúcia Ferreira de Figueiredo Barbosa fazem de uma proposta de sequência didática para estudantes da Educação de Jovens e Adultos (EJA). As autoras tomam a notícia radiofônica como espaço discursivo privilegiado para a abordagem da relação entre fala e escrita. Assim, as atividades apresentadas são uma instigante amostra de como o professor pode, explorando um gênero que faz parte do dia a dia dos alunos, articular os eixos didáticos de leitura, produção de texto oral e escrito e análise linguística.

Danielle da Mota Bastos e Jaciara Josefa Gomes abordam, no capítulo 7, o ensino-aprendizagem da oralidade como parte de práticas discursivas de letramento. Para tanto, também elegem o trabalho com um gênero que, porque faz parte de práticas da oralidade de indivíduos originários dos mais diferentes grupos sociais, são, geralmente, conhecidos pelas crianças: as lendas. As autoras concluem que, assim como é importante desenvolver habilidades relativas ao domínio das características e dos propósitos comunicativos de gêneros orais diversos, é necessário refletir acerca dos aspectos que contribuem para a construção de sentidos desses textos.

A exposição oral é tema de discussão nos capítulos 8 e 9. No capítulo 8, Julliane Campelo do Nascimento, Leila Nascimento da Silva e Marineusa Alvino da Silva Lima discutem uma experiência de ensino realizada em uma turma do 5º ano do Ensino Fundamental. As autoras analisam as intervenções pedagógicas da professora ao longo da vivência de uma sequência didática. Diferentes conhecimentos relativos ao gênero *exposição oral* são focados nas reflexões das pesquisadoras, assim como as estratégias da docente para ajudar as crianças a se apropriar de tais saberes.

Com o objetivo de abordar a importância do trabalho com sequências didáticas para o ensino de gêneros orais, no capítulo 9, Maria Tereza Gomes do Nascimento, Rosa Maria de Souza Leal e Ana Gabriela de Souza Seal também refletem sobre o trabalho com a exposição oral. As autoras apresentam reflexões acerca de como tal gênero foi utilizado por uma docente do Grupo V da Educação Infantil.

Todos os capítulos, conforme expusemos, abordam o ensino da fala na escola, embora tragam contribuições distintas acerca de como encaminhar o processo pedagógico. A perspectiva sociointeracionista, sem dúvida, é tomada como base teórica pelos autores, que defendem de maneira contundente a necessidade de tratar desse eixo de ensino nas pesquisas e na prática docente.

Tal defesa é necessária porque, como sabemos, durante muito tempo, o ensino da modalidade oral de uso da língua esteve ausente das salas de aula da Educação Básica, por compreensíveis razões que remontam aos diferentes estágios do desenvolvimento da ciência linguística e da ciência da educação. Da perspectiva que colocava a oralidade em oposição à escrita e a considerava como o espaço da transgressão e do mau uso da língua à corrente que considera o seu caráter sociodiscursivo e lança luz sobre as especificidades das suas condições de produção, muito se caminhou, não apenas nos estudos linguísticos, mas, especialmente, nas concepções de ensino que, naturalmente, refletem tais perspectivas.

Ainda que tal constatação seja muito positiva, porquanto revela que as pesquisas desenvolvidas nos âmbitos universitários transcendem os seus muros e chegam às instituições de ensino básico, as experiências e reflexões constantes desta obra mostram que muito ainda precisa ser feito para que essa modalidade de uso da língua receba dos nossos professores o devido tratamento. Nesse sentido, a presente proposta, longe de pretender fazer considerações definitivas sobre o ensino da oralidade, situa-se em um debate constitutivamente inconcluso, em que ainda há muito a se dizer.

Telma Ferraz Leal e Siane Gois
Organizadoras

Capítulo 1

A oralidade como objeto de ensino na escola: o que sugerem os livros didáticos?

Telma Ferraz Leal
Ana Carolina Perrusi Brandão
Juliana de Melo Lima

Neste capítulo, discutiremos sobre o eixo de ensino da oralidade, enfocando aspectos que julgamos relevantes para ajudar os professores a delimitar objetivos didáticos e a planejar atividades voltadas para o desenvolvimento da linguagem oral de seus alunos.

Para iniciar esta discussão, optamos por refletir, primeiramente, sobre a natureza deste eixo curricular: a linguagem oral, identificando as diferentes dimensões do ensino da oralidade. Em seguida, abordaremos o ensino da oralidade em livros didáticos. Esse segundo tema será tratado por meio da discussão dos dados relativos a quatro coleções de livros didáticos, analisados no âmbito do projeto de pesquisa "Argumentação na escola: do diagnóstico às práticas produtivas",[1] financiado pelo CNPq.

A linguagem oral como eixo de ensino

A discussão sobre o ensino da oralidade, embora pareça ser recente, não é. Podemos encontrar indícios da preocupação com o desenvolvimento das habilidades orais em tempos bastante remotos.

---

[1] Pesquisa coordenada por Telma Ferraz Leal e Ana Carolina Perrusi Brandão.

Os sofistas, em Atenas, preparavam os jovens para a vida política, utilizando a "Retórica" como instrumento de conquista. Segundo Breton (1999), durante dois mil e quinhentos anos, a retórica foi, de fato, o centro de todo o ensino, tratando-se de uma disciplina:

> [...] que tinha como função social ensinar as habilidades de falar em público de modo persuasivo. Na verdade, eram treinadas as habilidades de uso da linguagem falada, cuja finalidade era obter a adesão de um público (audiência). Assim, a concepção de língua presente entre os estudiosos da retórica era a de que essa se constituía como um arsenal de estratégias discursivas para finalidades práticas (LEAL, 2004, p. 6).

A oralidade, no entanto, não tem ocupado muito espaço nas esferas educacionais formais no mundo contemporâneo. Em uma pesquisa que analisou a prática de cinco professoras do segundo ano do segundo ciclo do Ensino Fundamental de escolas públicas do Recife, investigando os modos como as docentes orientavam o trabalho no eixo da oralidade, Leal, Brandão e Nascimento (2010) observaram 75 aulas (15 de cada professora). Os resultados indicaram que todas as docentes reconheciam a importância do ensino da oralidade na escola, porém, este ficava restrito à promoção de situações de discussão e conversa, não ocorrendo um planejamento sobre que habilidades orais deveriam ser estimuladas e de que modo isso poderia ocorrer. Assim, não foram registradas atividades envolvendo gêneros orais públicos e formais, nem situações de reflexão sobre os gêneros orais.

Tal prática deixa implícita a ideia de que as atividades de fala em situações informais, supostamente, dariam conta do ensino da oralidade. No entanto, atualmente, há autores que defendem a necessidade de contemplar, de modo sistemático, o ensino de diferentes gêneros, tanto no trabalho com a escrita quanto com a oralidade. Na verdade, pode-se dizer que Bakhtin (2000), já na década de 1920, inaugurou um novo discurso sobre as interações sociais, que favoreceu as reflexões sobre as regularidades e a complexidade de muitos textos orais.

Segundo a teoria dos gêneros textuais, toda interação é mediada pela linguagem, e a produção dos textos verbais é realizada por meio da adoção dos gêneros textuais, que são instrumentos culturais disponíveis aos usuários da língua. Isto é, para falar ou escrever, adotamos um determinado gênero, que conhecemos exatamente por termos participado de situações de interação em que outros exemplares dessa espécie textual circularam. Desse modo, quando estamos em uma determinada situação e precisamos nos comunicar, ativamos em nossa memória os conhecimentos sobre como são os textos que as pessoas produzem quando estão em situações parecidas com a que nos encontramos. Os gêneros, portanto, são referências para a produção dos textos que construímos, sejam eles orais ou escritos. Em síntese, segundo Bakhtin (2000, p. 284), "uma dada função (científica, técnica, ideológica, oficial, cotidiana) e dadas condições, específicas para cada uma das esferas da comunicação verbal, geram um dado gênero, ou seja, um dado tipo de enunciado, relativamente estável do ponto de vista temático, composicional e estilístico".

Como dissemos, não apenas os textos escritos são construídos com base nos conhecimentos ativados pela adoção de um dado gênero. Os textos orais também o são.

> Os gêneros do discurso organizam nossa fala da mesma maneira que a organizam as formas gramaticais (sintáticas). Aprendemos a moldar nossa fala às formas do gênero e, ao ouvir a fala do outro, sabemos de imediato, bem nas primeiras palavras, pressentir-lhes o gênero, adivinhar-lhe o volume (a extensão aproximada do todo discursivo), a dada estrutura composicional, prever-lhe o fim [...]. Se não existissem os gêneros do discurso e se não os dominássemos, se tivéssemos de criá-los pela primeira vez no processo da fala, se tivéssemos de construir cada um de nossos enunciados, a comunicação verbal seria quase impossível (BAKHTIN, 2000, p. 302).

Considerando, portanto, que os gêneros orais são dotados de regularidades e que, em situações públicas, muitos gêneros são de difícil construção, diferentes autores têm defendido a necessidade de incluí-los como objetos de ensino na escola (ver, por exemplo, DOLZ; SCHNEUWLY, 2004 e COSTA, 2006). Assim, é fundamental pensar sobre o que podemos ensinar no que diz respeito à oralidade, um dos eixos do currículo escolar.

Por meio da leitura de propostas curriculares, materiais didáticos e pesquisas sobre o tema, entendemos que é necessário definir objetivos didáticos explícitos relativos a pelo menos quatro dimensões que envolvem o desenvolvimento da linguagem oral. São elas:

- valorização de textos de tradição oral;
- oralização do texto escrito;
- variação linguística e relações entre fala e escrita;
- produção e compreensão de gêneros orais;

Trataremos a seguir, de modo breve, sobre cada uma dessas dimensões e retomaremos esse tema ao discutir os dados de uma pesquisa que envolveu a análise de livros didáticos de Língua Portuguesa para os anos iniciais do Ensino Fundamental, conforme anunciado anteriormente.

Valorização de textos de tradição oral

Autores como Corrêa (2001) e Signorini (2001) já há bastante tempo vêm alertando para a necessidade de valorização da oralidade no contexto escolar. Esses autores evidenciam que a fala está presente em diferentes esferas sociais e assume, nessas esferas, papel crucial nas interações humanas, com maior frequência, inclusive, que a escrita. No entanto, na escola, ela não tem tido muito atenção dos profissionais. Não há, via de regra, reconhecimento de que essa instituição tenha como uma de suas prioridades auxiliar os estudantes a ampliar suas habilidades de uso da fala.

É comum ouvirmos pessoas apontando dificuldades para se expressar ou medo de se pronunciar em público. Acreditamos que uma das vias de trabalho para a inserção das crianças no mundo da oralidade consiste em mostrar para elas a importância que a linguagem oral tem desempenhado na construção e manutenção de diferentes expressões da cultura do país e da sua própria comunidade. Elas podem se beneficiar e se sentir mais valorizadas se perceberem que aqueles que fazem parte de sua comunidade também podem transmitir conhecimentos importantes por meio da fala, assumindo o papel de produtores de cultura.

Uma das formas de se fazer isso é levando as crianças a pesquisar em sua comunidade receitas culinárias que as pessoas sabem porque aprenderam com seus familiares, contos de assombração, brincadeiras ou receitas de remédios que vêm sendo passados de uma geração a outra. Todos esses conhecimentos permanecem através do tempo por meio de diferentes gêneros orais adotados pelas pessoas para interagirem com as novas gerações e com os que fazem parte de seu convívio. Se as crianças tomam consciência disso, elas passam a valorizar mais aqueles com os quais convivem e, consequentemente, a se valorizar mais.

Outros textos de tradição oral muito importantes, sobretudo por estarem conectados com o mundo infantil, são as parlendas, os trava-línguas e as cantigas. As crianças se divertem com tais textos, que passam a compor o repertório de suas brincadeiras. É necessário, portanto, garantir que eles sejam valorizados, bem como que elas saibam que tais textos foram "guardados" na memória de pessoas que os valorizavam e que essas pessoas os passavam adiante para os filhos e netos, numa cadeia de transmissão oral. Brincar de roda, dizer parlendas e trava-línguas, atividades atualmente presentes nos livros didáticos, também contribui para desenvolver a fluência e articulação das palavras, aspectos importantes para a expressão oral. Assim, consideramos que esta é uma dimensão fundamental para o trabalho no eixo da oralidade.

Oralização do texto escrito

Esta dimensão, tal como a concebemos, pode ser considerada uma interseção entre o eixo da oralidade e o da leitura, pois envolve tanto o desenvolvimento da fluência de leitura quanto de algumas habilidades típicas da comunicação oral. A esse respeito, Dolz e Schneuwly (2004) salientam diversos aspectos que estão incluídos no trabalho com a fala e que entendemos também estarem envolvidos na leitura em voz alta. Assim, afirmam os autores:

> Treinar a fala envolve a altura da voz, a velocidade, o gerenciamento de pausas nas apresentações. Envolve também aspectos da retórica: captar a atenção da audiência, gerenciar

o suspense. Além disso, a oralização envolve a gestualidade, a cinestésica: um certo gesto ilustra um propósito, como uma postura cria a conivência. Ou seja: envolve a tomada de consciência da importância da voz, do olhar, da atitude corporal em função de um determinado gênero (exposição, debate) ou de um evento comunicativo (p. 225).

Nesse contexto, a oralização do texto escrito, como a leitura em voz alta; a recitação de poesias; a representação teatral, em que um determinado texto foi decorado; a notícia televisiva, em que o jornalista lê um texto; entre outras situações, colocam em evidência diferentes recursos usados nas práticas de linguagem em que circulam textos, recursos esses que podem ser ensinados na escola.

Variação linguística e relações fala e escrita

Como dito anteriormente, a proposta de determinar a oralidade como eixo do trabalho pedagógico implica definirmos quais as diferentes dimensões desse ensino. Nesse sentido, a reflexão sobre a fala e suas variações é, sem dúvida, um dos aspectos a ser explorado. No Brasil, Bagno (1998) tem se dedicado a discutir não apenas sobre a natureza dinâmica e multivariada da expressão oral, mas, sobretudo, sobre o fenômeno do preconceito linguístico. Outros autores, como Sgarbi (2008, p. 168), também defendem que este tema merece um cuidado especial: "Estudar, ensinar e aprender uma língua, em uma perspectiva sociolingüística, são tarefas para aqueles que conseguem perceber a dinamicidade a que ela está exposta e derrubar o mito de que somente a língua padrão é a única forma correta de pensar esse ensino/aprendizagem".

Com vistas a combater o preconceito linguístico, podemos conduzir os alunos a realizar descrições das diferentes formas dialetais e reflexões dos fatores que provocam as diferenças nesses modos de falar. Tal tipo de reflexão, com certeza, precisa ser feito de modo paralelo ao debate sobre as relações entre oralidade e escrita, fazendo os estudantes perceberem que a fala é tão importante quanto a escrita e que também é regida por regularidades, conforme é discutido no capítulo 3 por Ana Lima e Normanda Beserra. Assim, é necessário conduzir atividades que evidenciem a existência de variações na fala, assim como na escrita, bem como entender as relações entre tais variações e os contextos de uso da língua. Em síntese, como salientam Dolz e Schneuwly (2004, p. 168): "Para uma didática em que se coloque a questão do desenvolvimento da expressão oral, o essencial não é caracterizar o oral em geral e trabalhar exclusivamente os aspectos de superfície da fala, mas, antes, conhecer diversas práticas orais de linguagem e as relações muito variáveis que estas mantêm com a escrita".

É fundamental, portanto, que os alunos percebam as semelhanças entre alguns gêneros orais e escritos, tais como, entre o conto oral e o conto escrito; entre as instruções de jogos escritas e as instruções orais sobre como jogar; entre as reclamações orais e as cartas de reclamação; entre outros. É importante, também, reconhecer que, na produção de alguns gêneros escritos, são recolhidos fragmentos de textos produzidos oralmente, como nas notícias e reportagens.

Outra possibilidade de trabalho é a reflexão sobre os processos de retextualização, como ocorre, por exemplo, nos casos de produção de entrevistas escritas, com base nas gravações de entrevistas orais. Também é possível refletir e aprender sobre a utilização de textos escritos que funcionam como apoio para a produção de um texto oral, como ocorre nas notas escritas utilizadas por interlocutores em um debate ou nos *slides* utilizados em um seminário pelos apresentadores. Em suma, são muitas as possibilidades de trabalho com foco nas relações entre a oralidade e a escrita. Tal articulação também é enfatizada por outros autores, como Fávero, Andrade e Aquino (2003, p. 13): "O ensino da oralidade não pode ser visto isoladamente, isto é, sem relação com a escrita, pois elas mantêm entre si relações mútuas e intercambiáveis".

Concluímos, portanto, que conceber a oralidade como um eixo autônomo de ensino não elimina a possibilidade de enxergarmos suas relações com os outros eixos do trabalho com a língua: a leitura, a produção de textos escritos e a análise linguística.

Produção e compreensão de gêneros orais

A quarta dimensão anunciada refere-se à produção e compreensão de textos orais, em contextos significativos, de modo que "[...] os gêneros orais sejam produzidos e escutados em atividades autênticas, a fim de que se privilegiem as atividades de análise lingüística dos gêneros orais, o que proporcionaria a ampliação dos conhecimentos de linguagem oral" (MAGALHÃES, 2007, p. 61).

Neste caso, está em jogo o trabalho voltado para desenvolver habilidades bastante variadas, que vão desde o desenvolvimento de atitudes de respeito ao que o outro fala, monitoramento de seu próprio tempo de fala, escuta atenta ao que o outro diz, até conhecimentos e habilidades relativos à forma composicional de gêneros complexos, como seminários, notícias orais ou debates regrados, ou mesmo conhecimentos relativos aos papéis desempenhados pelos envolvidos em uma determinada situação de interação, como em um júri.

Tal contínuo também compreende a variação quanto ao nível de formalidade e tipos de relação que se estabelecem entre os falantes, indo das conversas mais informais aos gêneros mais públicos, como as entrevistas televisivas, que demandam um trabalho mais sistemático de reflexão e produção planejada de textos orais.

Assim, ao lado de uma proposta em que a expressão oral dos alunos seja constantemente estimulada, favorecendo-se o desenvolvimento de capacidades de uso da língua para atender a diferentes finalidades, consideramos que certos conhecimentos e certas habilidades devem ser desenvolvidos por meio de um trabalho mais sistemático de reflexão sobre as práticas de linguagem, planejamento do discurso oral e avaliação de textos orais. Em síntese, segundo nosso ponto de vista, é necessário contemplar também os gêneros secundários,[2] seja por meio de sequências didáticas, seja por meio de projetos didáticos ou outros modos de planejamento da ação didática. Outros autores, tais como Belintane (2000), Níkleva (2008) e Sgarbi (2008), também defendem esta ênfase no trabalho com

---

[2] Segundo Bakhtin (2000), os gêneros primários são aqueles dos quais nos apropriamos na vivência de situações mais privadas que, comumente, envolvem uma comunicação verbal mais livre e espontânea. Os gêneros secundários, ao contrário, são mais complexos, apropriados em situações mais formais e públicas, em que a língua é usada com maior planejamento.

gêneros secundários orais. Sgarbi (2008, p. 171), por exemplo, afirma que: "Organizar ações que possibilitem aos alunos o contato crítico/ reflexivo com os recursos discursivos e linguísticos e desenvolver o domínio das expressões oral e escrita em situações de uso público da linguagem levando em conta a situação de produção social e material é função do professor".

Em documentos oficiais como os Parâmetros Curriculares Nacionais (BRASIL, 1998, p. 67) essa preocupação também aparece:

> Ensinar língua oral deve significar para a escola possibilitar acesso a usos da linguagem mais formalizados e convencionais, que exijam controle mais consciente e voluntário da enunciação, tendo em vista a importância que o domínio da palavra pública tem no exercício da cidadania. Ensinar língua oral não significa trabalhar a capacidade de falar em geral. Significa desenvolver o domínio dos gêneros que apóiam a aprendizagem escolar de Língua Portuguesa e de outras áreas e, também, os gêneros da vida pública no sentido mais amplo do termo.

Salientamos, portanto, que há boas razões para garantirmos um trabalho diversificado no eixo de ensino da oralidade. Resta-nos perguntar se os livros didáticos que circulam hoje nas escolas contemplam as diferentes dimensões desse ensino.

O ensino do oral nos livros didáticos de Língua Portuguesa: novas reflexões

O estudo em pauta envolveu a análise de quatro coleções de livros didáticos de Língua Portuguesa, destinadas a crianças dos anos iniciais do Ensino Fundamental (volumes 1 a 4), aprovadas no PNLD (2004). Vale destacar que as coleções foram apontadas por especialistas do país entre as melhores inscritas no programa, tendo recebido a menção "aprovada com distinção", categoria de avaliação utilizada naquele ano. O Quadro 1, a seguir, apresenta os títulos das coleções analisadas.

Quadro 1 – Coleções de 1ª a 4ª série analisadas

Coleções	Editora	Autores
A – Linguagem e vivência	IBEP	Tânia Maria de Oliveira Antonio de Siqueira e Silva Rafael Bertolin
B – Novo ALP	FTD	Maria Fernandes Cócco Marco Antonio Hailer
C – Português – Uma proposta para o letramento	Moderna	Magda Becker Soares
D – Vitória Régia – Língua Portuguesa	IBEP	Solange G. Dittrich da Silva

Ao analisar os livros, buscamos quantificar as atividades encontradas, classificando-as quanto às diferentes dimensões do trabalho com a oralidade, de modo a obter uma visão mais clara do que cada coleção oferecia em termos de ensino da oralidade. Isto é, buscamos mapear realmente quais dimensões do ensino eram priorizadas, além de nos dedicarmos a analisar qualitativamente as atividades, inferindo quais habilidades estariam sendo contempladas pelas coleções. Tal procedimento também tornou possível uma comparação mais refinada entre as coleções.

Nesta perspectiva, num primeiro momento, foram identificadas e computadas, em cada um dos livros das quatro coleções, as atividades voltadas para o trabalho com a oralidade. Tais dados estão expostos na Tabela 1.

Tabela 1 – Frequência/percentagem
de atividades no eixo da oralidade por coleção

Coleção	Frequência
A – Linguagem e vivência	991
B – Novo ALP	173
C – Português: uma proposta para o letramento	691
D – Vitória Régia	783
Total	2.638

Como é possível notar, a coleção Linguagem e vivência apresenta o maior número de atividades voltadas para o ensino da oralidade (991). No extremo oposto, encontramos a coleção Novo ALP, com apenas 173 atividades voltadas para o ensino do oral. As coleções Português: uma proposta para o letramento e Vitória Régia, por sua vez, apresentam uma tendência semelhante: 691 e 783 atividades, respectivamente.

Na segunda etapa da pesquisa, buscamos agrupar as atividades de oralidade, considerando as suas possíveis semelhanças e diferenças. Para isso, cada livro foi analisado por dois juízes independentes, sendo discutidas as classificações propostas com vistas a explicitar os diferentes tipos de atividade encontrados em cada livro. Com base nesse procedimento, foram identificados quatro tipos de atividades voltados para o ensino do oral, a saber:

- atividades de oralização da escrita;
- atividades que estimulam a reflexão sobre o vocabulário, a variação linguística e as relações entre fala e escrita;
- atividades que estimulam a produção dos gêneros *conversa/discussão*;
- atividades que estimulam a produção de gêneros orais secundários.

Para visualizarmos o quanto cada uma dessas dimensões foi contemplada nas coleções, apresentamos, na Tabela 2, o total de atividades, em cada coleção, por tipo de dimensão de ensino da oralidade, conforme tratamos anteriormente.

Tabela 2 – Total de atividades por dimensão do ensino da oralidade

Dimensões contempladas	Coleção A		Coleção B		Coleção C		Coleção D	
	Freq.	%	Freq.	%	Freq.	%	Freq.	%
Oralização do texto escrito	18	1,86%	48	26,52%	51	6,99%	19	2,40%
Reflexões sobre variação linguística, vocabulário e relações entre fala e escrita	59	6,12%	17	9,39%	81	11,09%	61	7,74%
Produção e compreensão de gêneros informais/ coloquiais	811	84,04%	80	44,20%	537	73,56%	693	87,84%
Produção e compreensão de gêneros secundários	77	7,98%	36	19,89%	61	8,36%	16	2,02%
Total	965	100%	181	100%	730	100%	789	100%

Diante desse primeiro resultado, é possível afirmar que as atividades propostas para o ensino do oral nos livros didáticos analisados abrangem suas diferentes dimensões. No entanto, as atividades marcantemente presentes em todos os livros são de produção/compreensão de gêneros informais, tais como conversas e discussões, para resolução de atividades propostas nos livros. Os dados apresentados a seguir mostram as especificidades evidenciadas em cada uma das dimensões do ensino contempladas.

Na Tabela 3, são identificadas as atividades de oralização dos textos escritos. Como pode ser observado, essa dimensão do ensino esteve presente nas quatro coleções.

Tabela 3 – Frequência/Percentagem de atividades de oralização da escrita

Tipos de atividades identificadas	Coleção A (%)	Coleção B (%)	Coleção C (%)	Coleção D (%)
Leitura em voz alta	8 (0,81%)	24 (13,04%)	44 (6,00%)	10 (1,27%)
Leitura dramatizada	4 (0,4%)	16 (8,70%)	-	8 (1,01%)
Leitura jogralizada	1 (0,1%)	4 (2,17%)	-	-
Recitação ou cantoria (poesias, trava-línguas, parlendas, canções)	5 (0,5%)	4 (2,17%)	7 (0,95%)	1 (0,13%)

Nota: as percentagens mostradas nesta tabela foram calculadas em relação ao total geral de atividades no eixo da oralidade em cada coleção, apresentado na Tabela 1.

É possível perceber que a leitura em voz alta foi o tipo de atividade mais frequente desse bloco, incluindo propostas de leitura dramatizada ou jogralizada em pequenos grupos. As atividades de recitar textos da tradição oral e cantar, por sua vez, são pouco frequentes, em especial na coleção D – Vitória Régia.

Como já afirmamos anteriormente, a leitura em voz alta é uma atividade que conjuga, ao mesmo tempo, o ensino da leitura e da oralidade. Assim, nessa atividade, a criança desenvolve fluência de leitura e interage com os gêneros escritos, aprende a lançar mão de recursos expressivos importantes, tais como controlar tom de voz e ritmo, usar gesticulações e expressão facial para causar efeitos sobre o público, tal como está exemplificado na atividade a seguir:

Coleção D (v. 3, p. 155)

5. Agora, a professora escolherá três alunos de cada vez para ler oralmente o poema: um representará a parte do narrador: o outro, a fala de dona Chica; e o outro, a fala do médico. Leiam o poema várias vezes, procurando dar ritmo e entonação adequados, pronunciando as frases e as palavras de forma que os ouvintes consigam identificar, distinguir os sentimentos dos

personagens em cada momento da história[3] e o que caracteriza a fala de cada um.

A Tabela 4 apresenta as atividades de reflexão sobre o vocabulário, a variação linguística e relações entre fala e escrita, um outro tipo de atividade encontrado nos livros.

Tabela 4 – Frequência/Percentagem de atividades que estimulam a reflexão sobre vocabulário, variação linguística e relações entre fala e escrita

Tipos de atividades identificadas	Coleção A (%)	Coleção B (%)	Coleção C (%)	Coleção D (%)
Discussão sobre o significado de palavras e expressões (vocabulário)	19 (1,91%)	2 (1,09%)	29 (3,96%)	38 (4,82%)
Comparação entre diferentes variantes orais	12 (1,21%)	5 (2,72%)	14 (1,91%)	12 (1,52%)
Comparação entre registros escritos e variantes orais	19 (1,91%)	6 (3,26%)	21 (2,86%)	3 (0,38%)
Uso da escrita como apoio à produção oral	6 (0,6%)	3 (1,63%)	16 (2,18%)	6 (0,76%)
Atividades de retextualização	3 (0,3%)	1 (0,54%)	1 (0,14%)	2 (0,25%)

Nota: as percentagens mostradas nesta tabela foram calculadas em relação ao total geral de atividades no eixo da oralidade em cada coleção, apresentado na Tabela 1.

---

[3] O poema usado na atividade narra, de fato, uma história.

Como se pode notar, todas as coleções propõem atividades envolvendo discussão sobre o significado de palavras e expressões, o que, sem dúvida, é importante para a ampliação do vocabulário das crianças e para que elas percebam a diversidade de usos de uma mesma palavra, como pode ser ilustrado no exemplo a seguir.

> Coleção A (v. 4, p. 68)
>
> 5. Você sabe o que é um pleito? Leia apenas o primeiro parágrafo da crônica a seguir e dê um palpite sobre o sentido dessa palavra. Se você quer descobrir o que essa palavra significa, não perca esta divertida história. E olhe que isso não é nenhuma promessa de político!

Como pode ser observado, a atividade tem relação com a tarefa de leitura que aparece em seguida, e portanto, desenvolve tanto habilidades de interpretação oral de texto escrito como de produção oral.

As discussões sobre variação linguística também foram frequentes, sobretudo, as que buscavam levar as crianças a entender que diferentes grupos sociais desenvolvem diferentes modos de falar e que tais diferenças são apenas marcas identitárias desses grupos, não se constituindo como "erros" ou "falta de inteligência", ideias que circularam durante muito tempo na escola e ainda hoje se fazem presentes nas relações cotidianas da nossa sociedade. A esse respeito, uma atividade extraída da coleção Linguagem e vivência pode ilustrar a riqueza possível no trato da oralidade:

> Coleção A (v. 4, p. 176)
>
> 2. Imagine que as personagens dessa história vivem na cidade grande e não falam como o homem da roça; utilizam a variante padrão da língua que tem como base a gramática que você aprende na escola.
>
> Reescreva novamente as falas do 8º e 9º quadrinhos, empregando, agora, a variante padrão.
>
> Compare as duas variantes da língua e descubra as regras que orientam a escrita de cada uma delas. Para isso, observe o emprego dessas palavras nos textos.

a. trabalhar – trabaiá

b. fazer – fazê

c. ter – tê

d. namorar – namorá

Uma ressalva que podemos fazer às obras, no entanto, é a ausência de propostas em que as crianças possam analisar textos orais na modalidade oral, e não como um texto "transcrito", como vimos na atividade exemplificada acima. Assim, outras atividades, como as que envolvem a gravação de falas e posterior análise, poderiam ser sugeridas. As relações entre fala e escrita, conforme discutimos no início deste capítulo, também podem englobar situações em que usamos a escrita como apoio para a produção de textos orais. O exemplo a seguir mostra que as crianças podem aprender a fazer isso em situações significativas, como ao expor um determinado conhecimento para o público. Tal tipo de situação é comum na esfera escolar e em muitas profissões. Pode, portanto, ser introduzida já nos anos iniciais do Ensino Fundamental, estimulando os estudantes a usar a escrita como apoio para a memória e como forma de planejamento da fala, conforme pode ser observado no exemplo a seguir.

Coleção C (v. 4, p. 37)

2. O professor vai dividir a turma em grupos.

Cada grupo deve analisar os cartões de telefone que os membros do grupo trouxeram:

- Observem a ilustração de cada cartão, separem os cartões por tipo de ilustração – animais, edifícios e casas, monumentos, paisagens...

- Leiam, no verso do cartão, as informações e instruções que são dadas.

- Escrevam, em conjunto, o roteiro que vocês vão seguir para expor a análise dos cartões aos colegas e ao professor:

- quantos cartões vocês analisaram;

- que tipos de ilustrações encontraram;

- que informações encontraram sobre cada ilustração;

- que instruções os cartões apresentam, etc.

- Organizem o roteiro decidindo o que vocês vão falar e o que vão falar em primeiro lugar, em segundo, em terceiro... etc.

- Dividam a exposição entre os membros do grupo, de modo que todos tenham a oportunidade de expor: escrevam quem vai falar o quê.

- Depois, com auxílio da professora transcrevam coletivamente a entrevista, registrando-a depois no caderno.

- Se possível, usem um gravador para registrar a entrevista; do contrário, anotem tudo que considerem útil à pesquisa.

As atividades de retextualização, em que as crianças precisam transformar um texto oral em texto escrito, ou o inverso, são extremamente favoráveis a reflexões sobre as semelhanças e diferenças entre oralidade e escrita, estabelecendo-se interfaces entre as duas modalidades de linguagem. O exemplo a seguir ilustra uma atividade com potencial para esse tipo de reflexão, uma vez que solicita a transcrição coletiva de uma entrevista realizada em sala.

Coleção D (v.4, p. 52-53)

No Brasil, atualmente, existem vários animais que correm risco de extinção. Que tal conhecer um pouco mais sobre eles? Junto com sua professora, programe a visita de um biólogo, um(a) professor(a) de Ciências, enfim, um especialista no assunto. Para prepará-la, sigam as orientações abaixo:

- Antes de tudo, conversem com a professora para saber quem é o entrevistado, qual a formação dele e que profissão exerce. Façam anotações no seu caderno – elas podem ser úteis depois.

- Reúnam-se em equipes de dois ou três alunos e elaborem dez perguntas. Abaixo, há sugestões de como vocês podem iniciar as perguntas (Quais? Quantos? Como? Por quê?).

- Escolham a sequência das perguntas.

- No dia combinado, a professora vai estabelecer uma ordem para que todas as equipes possam fazer suas perguntas.

- Fiquem atentos às perguntas dos colegas para evitar repetir alguma pergunta já feita ao convidado.

- Prestem atenção nas respostas do entrevistado, pois ele pode estar dizendo alguma coisa que já responde a alguma pergunta que vocês iriam fazer ou, então, estar dizendo algo tão importante e interessante que pode dar margem a novas perguntas, o que fará o assunto ser aprofundado.

• Se possível, usem um gravador para registrar a entrevista; do contrário, anotem tudo que considerarem útil à pesquisa.

• Depois, com auxílio da professora, transcrevam coletivamente a entrevista, registrando-a depois no caderno.

A quarta dimensão sobre a qual tratamos inicialmente é aquela que contempla atividades destinadas ao trabalho de produção, compreensão e reflexão sobre diferentes gêneros orais. Para melhor caracterizar as coleções analisadas, dividimos essa categoria em dois blocos. No primeiro, agrupamos as atividades de estímulo à participação das crianças a falar em situações informais. No segundo, agrupamos as atividades de reflexão, produção, compreensão de gêneros secundários.

Na Tabela 5, estão os dados relativos às atividades em que as crianças são solicitadas a conversar / discutir sobre um tema ou texto.

Tabela 5 – Frequência/Percentagem de atividades que estimulam a produção dos gêneros conversa/discussão

Tipos de atividades identificadas	Coleção A (%)	Coleção B (%)	Coleção C (%)	Coleção D (%)
Conversa sobre o tema	274 (27,59%)	40 (21,74%)	127 (17,33%)	58 (7,35%)
Interpretação oral do texto (verbal ou não verbal) ou exploração das características do gênero textual	482 (48,54%)	25 (13,59%)	302 (41,20%)	536 (67,93%)
Conversa com os colegas para a realização de atividade ou para avaliação de atividades feitas	55 (5,54%)	15 (8,15%)	108 (14,33%)	99 (12,55%)

Nota: as percentagens mostradas nesta tabela foram calculadas em relação ao total geral de atividades no eixo da oralidade em cada coleção, apresentado na Tabela 1.

Como é possível notar, nos livros didáticos, a conversa ocupa um grande espaço nas atividades para o ensino do oral. Assim, conversa-se sobre o tema dos textos a serem lidos ou já lidos e conversa-se para interpretar os textos lidos ou para aprender sobre os gêneros desses textos. A conversa também tem um lugar de destaque como instrumento para a realização de atividades, bem como para avaliar atividades já realizadas.

Salientamos que a grande frequência de ocorrências dessa natureza evidencia uma concepção de aprendizagem como atividade social, como construção coletiva, em que um sujeito aprende na interação com os outros. Além disso, as oportunidades para trocas verbais entre as crianças sobre suas famílias, lugares onde vivem e experiências pessoais, entre outros temas, contribuem para formar um repertório de conhecimentos que, certamente, contribui para gerar conteúdo nas atividades de escrita, bem como para apoiar a interpretação de textos.

Em síntese, as interações entre as crianças, na perspectiva indicada acima, são vistas como forma de ressignificação de saberes, como modos de apropriação coletiva de conhecimentos e de habilidades.

Vale enfatizar ainda que, além das aprendizagens relativas aos conceitos e aos conhecimentos escolares, a presença tão marcante de situações de uso da fala propicia, evidentemente, a aprendizagem da própria oralidade. Assim, as crianças se familiarizam com recursos típicos da fala em situações variadas e podem passar a experimentar mais segurança para expor suas opiniões ou seus conhecimentos. Para isso, faz-se necessário, porém, que o docente saiba conduzir bons momentos de discussão, favorecendo e estimulando que todos participem, distribuindo equitativamente o tempo de fala e valorizando o que as crianças dizem. O exemplo a seguir pode ajudar a elucidar como tais atividades apareceram nos livros didáticos.

> Coleção C (v. 3, p. 21)
>
> Discuta com o professor e seus colegas:
>
> 1. O que significa ser cidadão, cidadã? Leiam o verbete do dicionário do Castelo Rá-Tim – Bum:
>
> Cidadão
>
> s.m. Habitante de uma cidade, que tem direitos e deveres individuais e políticos:

Nino sabe que um de seus deveres de cidadão é manter a cidade limpa.

- O verbete cita um exemplo de dever de cidadão. Citem outros exemplos de deveres de cidadão.

O cidadão tem também direitos. Citem exemplos de direitos do cidadão.

Vejamos, por fim, na Tabela 6, o que foi encontrado em relação às atividades que estimulam a produção de gêneros orais secundários.

Tabela 6 – Frequência/Percentagem de atividades que estimulam a produção de gêneros orais secundários por coleção

Tipos de atividades identificadas	Coleção A (%)	Coleção B (%)	Coleção C (%)	Coleção D (%)
Entrevista	5 (0,5%)	4 (2,17%)	18 (2,46%)	5 (0,63%)
Depoimento oral ou relato pessoal	18 (1,81%)	7 (3,8%)	4 (0,55%)	1 (0,13%)
Notícias ou reportagens em jornal falado	2 (0,2%)	2 (1,09%)	-	2 (0,25%)
Discurso de defesa/acusação	-	1 (0,54%)	8 (1,09%)	-
Exposição oral	23 (2,32%)	5 (2,72%)	23 (3,14%)	5 (0,63%)
Debate	-	4 (2,17%)	2 (0,27%)	-
Representação teatral	9 (0,91%)	11 (5,98%)	-	3 (0,38%)
Contação de história	16 (1,61%)	2 (1,09%)	6 (0,86%)	-
Instruções de jogos e descrição de objetos, pessoas ou cenas em brincadeiras	4 (0,4%)	-	-	-

Nota: as percentagens mostradas nesta tabela foram calculadas em relação ao total geral de atividades no eixo da oralidade em cada coleção, apresentado na Tabela 1.

De acordo com os dados da Tabela 6, os gêneros *exposição oral*, *entrevista* e *relato pessoal* são os únicos presentes nas quatro coleções. A contação de histórias e a representação teatral também aparecem com frequência em algumas das coleções. Por outro lado, chama a atenção a tímida presença de atividades de debate, que mobilizariam habilidades argumentativas tão essenciais para a prática cotidiana das crianças.

O exemplo a seguir, extraído da coleção C, ilustra o quanto as propostas de produção/compreensão de gêneros orais secundários podem favorecer diferentes aprendizagens sobre as práticas de linguagem e sobre formas de participação social em que a oralidade é importante. Vejamos:

> Coleção C (v. 4, p. 63)
>
> 2. Depois de ouvir a leitura do texto do grupo sorteado, cada um dos grupos vai dizer:
>
> - Se concorda com o texto apresentado, se chegou à mesma conclusão, se tem mais informações para reforçar essa conclusão – trechos do texto do grupo podem ser lidos.
>
> - Se discorda do texto apresentado, se chegou a outra conclusão, se tem informações para justificar sua discordância – trechos do texto do grupo podem ser lidos.
>
> Os grupos devem obedecer às regras para a discussão:
>
> - Cada grupo deve pedir a palavra e esperar sua vez de falar.
>
> Um grupo pode não concordar com o texto de outro grupo, mas deve respeitar as conclusões a que esse outro grupo chegou, se elas estiverem bem fundamentadas.

Como é possível notar, com esse tipo de atividade, os estudantes podem conhecer mais sobre o gênero textual *debate*, desenvolvendo habilidades de argumentação oral, escuta e reflexão sobre a língua, importantes em situações de interação em que esse gênero se faz presente.

Considerações finais

Neste capítulo, pudemos refletir sobre a importância do ensino da oralidade e sobre a diversidade de conhecimentos e habilidades que pode estar envolvida no trabalho pedagógico.

Concebemos que para a construção de um currículo que, de fato, garanta o acesso dos estudantes às diferentes esferas sociais de interação, com autonomia e criticidade, é necessário, no mínimo, contemplar as diferentes dimensões de ensino do oral que expusemos neste capítulo:

1. Valorização de textos de tradição oral.
2. Oralização do texto escrito.
3. Variação linguística e relações fala e escrita.
4. Produção e compreensão de gêneros orais.

Vimos que quatro coleções de livros didáticos que foram bem avaliadas pelo Programa Nacional do Livro Didático promoveram atividades variadas de aprendizagem, contemplando as quatro dimensões citadas. No entanto, alertamos que algumas habilidades importantes ainda se mostram pouco presentes nas propostas dos livros, como demonstram os dados da pesquisa descrita neste capítulo, e nas atividades planejadas por professores da Educação Básica, como Leal, Brandão e Nascimento (2010) evidenciaram em uma pesquisa de observação de sala de aula.

Assim, propomos que esse tema seja objeto de atenção dos docentes, bem como daqueles que se dedicam à produção de recursos didáticos para o ensino e a formação inicial e continuada de professores.

Referências

BAGNO, Marcos. *Preconceito lingüístico*: o que é e como se faz. São Paulo: Loyola, 1998.

BAKHTIN, Mikhail. *Estética da criação verbal*. São Paulo: Martins Fontes, 2000.

BELINTANE, Claudemir. Linguagem oral na escola em tempo de redes. *Educação e Pesquisa*, v. 26, n. 1, p. 53-65, 2000.

BRASIL. Secretaria de Educação Fundamental. *Parâmetros Curriculares Nacionais*:língua portuguesa. Brasília: Ministério da Educação, 1998.

BRETON, Philippe. *A argumentação na comunicação*.Tradução de Viviane Ribeiro. Bauru: Edusc, 1999.

CORRÊA, Manoel L. G. Letramento e heterogeneidade da escrita no ensino de Português. In: SIGNORINI, Inês (Org.). *Investigando a relação oral/escrito e as teorias do letramento*. Campinas: Mercado de Letras, 2001.

COSTA, Débora A. G. *Livros didáticos de Língua Portuguesa*: propostas didáticas para o ensino da linguagem oral. Dissertação (Mestrado em Educação), Universidade Federal de Pernambuco, Recife, 2006.

DOLZ, Joaquim; SCHNEUWLY, Bernard. O oral como texto: como construir um objeto de ensino. In: SCHNEUWLY, Bernard; DOLZ, Joaquim. *Gêneros orais e escritos na escola.* Campinas: Mercado de Letras, 2004.

FÁVERO, Leonor L.; ANDRADE, Maria Lúcia C. V. O.; AQUINO, Zilda G. O. *Oralidade e escrita*: perspectivas para o ensino de língua materna. 4. ed. São Paulo: Cortez, 2003.

LEAL, Telma F. *Produção de textos na escola*: argumentação em textos escritos por crianças. Tese (Doutorado em Psicologia Cognitiva) – Pós-Graduação em Educação, Universidade Federal de Pernambuco, Recife, 2004.

LEAL, Telma F.; BRANDÃO, Ana Carolina P.; NASCIMENTO, Bárbhara Elizabeth S. Basta conversar? A prática de ensino da oralidade no segundo ciclo. In: HEINIG, Otília L.; FRONZA, Cátia de A. (Org.). *Diálogos entre linguística e educação.* Blumenau: Edifurb, 2010.

MAGALHÃES, Tânia G. *Concepções de oralidade*: a teoria nos PCN e PNLD e a prática nos livros didáticos. Tese (Doutorado em Linguística Aplicada) – Programa de Pós-Graduação em Letras, Universidade Federal Fluminense, Rio de Janeiro, 2007.

NÍKLEVA, Dimitrinka G. La oposición oral/escrito: consideraciones terminológicas, históricas y pedagógicas. *Didáctica (Lengua y literatura)*, n. 20, p. 211-228, 2008.

SGARBI, Nara M. F. de Q. Os eventos da oralidade no ensino da língua portuguesa. *Revista Trama*, v.4, n. 7, p. 167-175, 2008.

SIGNORINI, Inês. Construindo com a escrita "outras cenas de fala". In: SIGNORINI, Inês. (Org.). *Investigando a relação oral/escrito e as teorias do letramento.* Campinas: Mercado de Letras, 2001.

Capítulo 2

Ensino de oralidade: revisitando documentos oficiais e conversando com professores

Ewerton Ávila

Gláucia Nascimento

Siane Gois

O espaço da oralidade na sala de aula

Tal como afirma o professor Luiz Antônio Marcuschi (2001b, p. 17), o homem "pode ser definido como um *ser que fala* e não como um *ser que escreve*". Por isso, cabe ao professor de língua materna a responsabilidade de contribuir para que os educandos desenvolvam também as competências linguístico-interacionais que estão ligadas às práticas sociais do âmbito da oralidade. Entretanto, a fala, historicamente, tem tido pouco espaço na sala de aula e tem despertado sempre menos interesse dos professores de língua materna do que as práticas de escrita, para os processos de didatização. Esse é um enorme equívoco que tem norteado muitas ações didáticas para o ensino de língua materna, o que deixa o trabalho docente nessa área lacunoso.

Essas nossas reflexões iniciais não têm o objetivo de defender uma maior ênfase ao ensino de oralidade em detrimento do ensino da escrita. Reconhecemos o valor de ambas as práticas sociais para a garantia dos direitos de cidadania. Tencionamos, na verdade, motivar reflexões sobre a necessidade de se encontrar um equilíbrio entre as ações de ensino de práticas de escrita e as de práticas de oralidade, para que seja possível oferecer aos alunos a oportunidade de desenvolverem igualmente seu potencial para atuar, com autonomia, nos diferentes contextos sociais – em especial, nos contextos públicos mais formais – tanto por meio da escrita quanto por meio da fala.

Sabemos que o fato de se dar pouco espaço ao ensino da oralidade não ocorre por acaso. Desde o seu surgimento, a escrita tem sido supervalorizada em detrimento da fala. Essa supervalorização deve-se, em parte, ao fato de, ao longo da história, terem tido acesso ao aprendizado da escrita, prioritariamente, pessoas pertencentes a camadas economicamente privilegiadas da população das sociedades letradas. A força da escrita é tal que, nessas sociedades, até os indivíduos que não dominam o sistema de escrita têm estado sujeitos a práticas de letramento, a partir das quais têm orientado muitas de suas atividades cotidianas. Ou seja, mesmo indivíduos que não sabem ler e escrever, que vivem em contextos sociais em que a escrita penetrou, envolvem-se em práticas sociais de leitura e de escrita, quando, por exemplo, solicitam a alguém que leia uma notícia de jornal para eles, quando ditam uma carta para que outra pessoa escreva, ou quando escolhem um produto numa loja por meio da observação dos rótulos.

A supervalorização da escrita resultou no surgimento de uma visão equivocada no que diz respeito à relação entre fala e escrita, que foi orientada por uma perspectiva dicotômica, isto é, polarizada. Nessa perspectiva, a fala tem sido tomada como o lugar da informalidade, ao passo que a escrita tem sido tomada como o lugar da formalidade; a fala também é vista como o lugar da desorganização e a escrita, como o lugar da organização; a fala, como sendo o lugar do erro, sendo a escrita o lugar do acerto. Entretanto, como afirma Luiz Antônio Marcuschi (2001b), fala e escrita são, na verdade, apenas formas diferentes de realização de uma determinada língua. Cada uma dessas formas tem suas peculiaridades, mas não podem ser vistas como absolutamente distintas uma da outra. Para esse autor, de fato, há mais semelhanças que diferenças entre elas. Marcuschi considera que fala e escrita, na verdade, constituem um *continuum* de práticas sociais, não podendo ser vistas dicotomicamente. Por esse motivo, portanto, não é possível defender a supremacia da escrita em detrimento da fala.[1]

Nas sociedades letradas, os indivíduos que têm acesso a essas duas modalidades interagem nos mais diversos contextos situacionais, diariamente, tanto por meio da fala quanto por meio da escrita. E, apesar de a escrita gozar de maior prestígio, não é difícil perceber que, ao longo de um dia, as pessoas resolvem a maior parte de seus problemas mais por meio da fala e menos por meio da escrita; ou seja, as pessoas falam tanto em contextos informais como em contextos formais, assim como escrevem em contextos desses dois tipos, apesar de, em ambos, falarem mais do que escreverem. Esse fato já foi cientificamente comprovado. Em 1995, pesquisadores da Universidade Federal de Pernambuco (UFPE) responsáveis pelo projeto intitulado "Fala e escrita: usos e características", coordenado pelo professor Luiz Antônio Marcuschi, fizeram um levantamento com pouco mais de 500 informantes sobre os usos da fala e da escrita nos diversos contextos da vida diária e constataram que o tempo diário empregado com a escrita não passava de 5% do total do tempo em vigília, quando atingia o máximo, sendo que, com a leitura, usava-se um pouco mais. Essa constatação, segundo Marcuschi, "caracteriza a nossa sociedade, indistintamente da classe social, idade, formação e profissão, como profunda e essencialmente oralista" (2001b, p. 20).

Não obstante o fato de falarmos mais que escrevermos no dia a dia, as práticas de oralidade, materializadas nos gêneros textuais produzidos por meio da fala, ainda não fazem parte dos programas de ensino de língua da maioria das escolas deste país. Muitos professores de língua materna simplesmente ignoram a necessidade de implementar estratégias didático-metodológicas para o desenvolvimento das competências de oralidade de seus alunos, em especial daquelas ligadas a contextos mais formais de interlocução. De acordo com Antunes (2003, p. 24-25), no que se refere às atividades em torno da oralidade na escola, pode-se constatar:

---

[1] Gostaríamos de ressaltar que "fala" e "escrita" são as duas modalidades nas quais se explicitam as línguas de natureza oral-auditiva. Existem, ainda, as línguas de sinais, utilizadas pelos surdos, de natureza vísuo-motora-espacial, que se explicitam por meio de "sinais", os quais se constituem por gestos e expressões faciais.

a. uma quase omissão da fala como objeto de exploração no trabalho escolar. [...];

b. uma equivocada visão da fala, como o lugar privilegiado para a violação das regras da gramática. [...];

c. uma concentração das atividades em torno dos gêneros da oralidade informal, peculiar às situações da comunicação privada [...];

d. uma generalizada falta de oportunidade de se explicitar em sala de aula os padrões gerais da conversação, de se abordar a realização dos gêneros orais da comunicação pública, que pedem registros mais formais, com escolhas lexicais mais especializadas e padrões textuais mais rígidos, além do atendimento a certas convenções sociais exigidas pelas situações do "falar em público".

Relatos de professores com os quais tivemos a oportunidade de trabalhar em eventos de formação continuada, que voluntariamente responderam ao questionário que deu origem às reflexões apresentadas neste capítulo, confirmam as observações de Antunes. Muitos reconhecem a necessidade de um trabalho mais consistente com esse eixo do ensino de língua e informam que incluem gêneros textuais da oralidade em seus planos de ensino, mas demonstram insegurança para desenvolver o trabalho, especialmente no que diz respeito à avaliação.

Embora representem uma parcela pequena da população de professores de Língua Portuguesa deste país, acreditamos que os dados que nos oferecem refletem um pouco das concepções, das experiências e das incertezas de todo professor de língua materna brasileiro, que ainda se esforça para encontrar o tom mais adequado de suas práticas pedagógicas para os dias atuais. Em se tratando do ensino de oralidade, todos sabem que a escola precisa dar mais atenção a esse eixo de ensino da língua materna. Se não faz isso, a escola contribui apenas parcialmente para o crescimento dos alunos, que necessitam desenvolver suas competências de fala, a fim de exercerem com autonomia seu papel de cidadãos integrantes de uma sociedade que é essencialmente oralista.

O ensino da oralidade: o que dizem as orientações curriculares nacionais

Nesta seção, abordamos os pressupostos teóricos sobre o ensino da oralidade que estão presentes nos Parâmetros Curriculares Nacionais (PCN) de Língua Portuguesa para o 3º e 4º ciclos (5ª a 8ª séries, atualmente 6º ao 9º ano), com o objetivo de fazermos uma reflexão sobre as suas possíveis implicações na prática pedagógica de um grupo de professores que leciona no referido nível de ensino, em 48 municípios do estado do Piauí.[2]

O referido documento foi publicado há mais de uma década (precisamente em 1998) e, durante esse período, vários estudiosos das áreas de Letras e de Educação fizeram reflexões importantes acerca das concepções teóricas que ancoram o texto. Seu principal objetivo é sistematizar referências nacionais para o ensino, nas diferentes áreas, que respeitem as especificidades de cada região do país e, ao mesmo tempo, sirvam como diretrizes para a educação em nível nacional. Em consonância com a Lei de Diretrizes e Bases da Educação Nacional (Lei 9394-96), a tônica dos PCN (para todos os níveis e modalidades de ensino) é o desenvolvimento da cidadania. Na carta em que se dirige ao professor, o então ministro da Educação, Paulo Renato de Souza, afirma: "O papel fundamental da educação no desenvolvimento das pessoas e das sociedades amplia-se ainda mais no despertar do novo milênio e aponta para a necessidade de se construir uma escola voltada para a formação de cidadãos" (BRASIL, 1998, p. 5).

Para tanto, ele prevê a necessidade de revisão dos currículos escolares. No que diz respeito ao ensino de Língua Portuguesa, tal perspectiva teve um imediato rebatimento nos pressupostos teórico-metodológicos da disciplina, em consonância com as críticas que, desde o início da década de 1980, vinham sendo feitas aos seus objetivos e conteúdos, os quais eram de natureza essencialmente estruturalista, cujo objeto de ensino

---

[2] No período de março a outubro de 2010, sob a nossa orientação, esses professores participaram de um curso de formação continuada sobre gêneros textuais, no âmbito do Plano de Ações Articuladas. O trabalho foi resultado de uma parceria entre o Ministério da Educação e o Centro de Estudos em Educação e Linguagem (CEEL/UFPE) e teve como público-alvo professores que atuavam nos anos finais do Ensino Fundamental.

era pura e simplesmente o sistema linguístico. Ao professor, cabia a missão de ensinar gramática ao aluno, sendo esta considerada a forma legítima de manifestação da língua. Não havia, seja nos planejamentos dos professores, seja nos manuais didáticos escolhidos, espaço para se trabalhar os mais variados gêneros da oralidade. Conforme afirmado anteriormente, fala e escrita não eram vistas como modalidades complementares de uso da língua. Se a primeira era o lugar da transgressão, a segunda era o lugar do "bom uso" da língua.

O resultado era que, cada vez mais, aumentava o fosso entre as normas linguísticas praticadas pelos estudantes em situações reais de comunicação e a língua ensinada na escola. A despeito do inconteste fato de sermos seres essencialmente orais, as aulas se restringiam ao trabalho com a modalidade escrita, inclusive quando se arriscava trabalhar com a oralidade, já que eram frequentes as atividades de oralização da escrita (por meio dos conhecidos exercícios de leitura em voz alta). Como consequência, os estudantes viam, no cotidiano escolar, serem estigmatizadas as variantes não cultas da língua que faziam parte do seu dia a dia e não desenvolviam no âmbito da escola as competências linguísticas necessárias para exercer a sua cidadania nas diversas atividades de linguagem de que participavam. Segundo os PCN do Ensino Fundamental (Brasil, 1998, p. 19), "a razão de ser das propostas de uso da fala e da escrita é a interlocução efetiva, e não a produção de textos para serem objetos de correção".

O documento em pauta, ancorado em tal concepção de língua e de ensino, no que diz respeito ao ensino da oralidade, foi construído com vistas ao trabalho com gêneros que possibilitem à escola atingir alguns objetivos gerais do Ensino Fundamental, delineados logo no início do texto, dentre os quais destacamos:

> Posicionar-se de maneira crítica, responsável e construtiva nas diferentes situações sociais, utilizando o diálogo como forma de mediar conflitos e de tomar decisões coletivas.
>
> Utilizar as diferentes linguagens – verbal, musical, matemática, gráfica, plástica e corporal – como meio para produzir, expressar e comunicar ideias, interpretar e usufruir das produções culturais, em contextos públicos e privados, atendendo a diferentes situações de comunicação (Brasil, 1998, p. 7-8).

Em consonância com os objetivos gerais do Ensino Fundamental, os objetivos gerais de Língua Portuguesa preveem a necessidade de a escola dar subsídios para que os estudantes concluam o Ensino Fundamental com condições de, por meio da língua, agir de forma crítica em seu meio. "No processo de ensino-aprendizagem dos diferentes ciclos do Ensino Fundamental, espera-se que o aluno amplie o domínio ativo do discurso nas diversas situações comunicativas, sobretudo nas instâncias públicas de uso da linguagem..." (BRASIL, 1998, p. 32). A escola, para isso, precisa criar condições para desenvolver estratégias de ensino que favoreçam a transposição dos gêneros que estão, para além dos seus muros, sendo praticados socialmente, sob pena de dar maior relevo à estrutura deles em detrimento do seu aspecto funcional. A esse respeito, Schneuwly e Dolz (2004, p. 76) afirmam: "A particularidade da situação escolar reside no fato que torna a realidade humana bastante complexa: há um desdobramento que se opera em que o gênero não é mais instrumento de comunicação somente, mas é, ao mesmo tempo, objeto de ensino-aprendizagem".

É com vistas ao trabalho com a língua como objeto de ensino que, no documento, os conteúdos de Língua Portuguesa foram organizados em dois eixos: O Uso de Língua Oral e Escrita e A Reflexão sobre a Língua e a Linguagem. No primeiro eixo, os gêneros da oralidade se articulam na "prática de escuta" e na "produção de textos orais". No segundo, prevê-se a "prática de análise linguística" (BRASIL, 1998, p. 35). A seleção dos conteúdos, que é seguida por uma reflexão sobre o seu tratamento didático, foi feita com base nas especificidades dos objetivos gerais do Ensino Fundamental e dos objetivos gerais de Língua Portuguesa delineados no documento.

Assim como os PCN de 5ª a 8ª séries, as diferentes edições do documento que foi elaborado para o Ensino Médio – Parâmetros Curriculares Nacionais do Ensino Médio (BRASIL, 2002), Parâmetros Curriculares em Ação (BRASIL, 2001) e PCN + Ensino Médio: Orientações Educacionais Complementares aos Parâmetros Curriculares Nacionais (BRASIL, 2002) – não apenas reconhecem a importância do trabalho com a modalidade oral de uso da língua na escola, como (no caso dos PCN em Ação) apresentam ao professor propostas de trabalho.

É importante salientar, entretanto, que, entre educadores de diferentes áreas, várias críticas a esses documentos foram feitas, entre as quais ressaltamos o texto de Arruda (2004), no qual a autora faz uma análise das concepções de língua e de linguagem constantes dos PCNEM e chama a atenção para problemas conceituais que, ao seu ver, permeiam o documento: "Podemos dizer que há uma intenção de se trazer para o Ensino Médio a concepção de linguagem da abordagem sócio-interacionista, mas a visão de língua como sistema ou como código permeia o texto" (ARRUDA, 2004, p. 34).

Compreendemos que tais críticas são de fundamental importância aos necessários debates que devem envolver a produção de documentos da natureza dos Parâmetros. Entretanto, não poderíamos deixar de reconhecer que eles marcaram uma guinada no que diz respeito ao espaço reservado às atividades com a língua oral como objeto de ensino nas escolas, ainda que muitos professores de Língua Portuguesa que atuam na Educação Básica não tenham incorporado tais perspectivas às suas práticas pedagógicas e continuem a tratar a fala e a escrita como modalidades dicotômicas. Outros sequer identificam os gêneros da oralidade. As causas de tal fato, além de serem diversas, têm um grau de complexidade tamanho que, ao abordá-las no presente texto, corremos o risco de sermos por demais simplistas. Por isso mesmo, a nossa intenção aqui é tão somente, levando em conta uma realidade específica (a dos professores de 48 municípios do estado do Piauí), tecer considerações que propiciem uma reflexão a respeito da temática em pauta.

Os estudos sobre os gêneros textuais que, nas últimas décadas, vêm sendo desenvolvidos ancoram-se na concepção teórica bakhtiniana dos gêneros do discurso, segundo a qual a linguagem é analisada no seu aspecto sociointeracionista (perspectiva que serve como alicerce dos PCN). O texto que tem como título *O problema dos gêneros do discurso* foi possivelmente escrito, segundo Faraco (2006), entre 1952 e 1953, vindo a ser publicado pela primeira vez na Rússia, em 1979.

Levando-se em conta que a difusão de tal teoria tenha ocorrido no Ocidente apenas anos depois e que a sua incorporação aos currículos do curso de Letras seja bastante recente, milhares de professores de Língua Portuguesa que atuam em nossas escolas não tiveram contato com ela quando de sua formação superior. É natural, portanto, que (a menos que tenham feito cursos de especialização na área, ou que tenham participado de cursos de formação continuada) muitos não tenham sequer conhecimento de tal perspectiva. Como consequência, a compreensão dos PCN fica naturalmente prejudicada e, muitas vezes, impossibilitada, justamente porque o documento pressupõe que os professores tenham conhecimentos de mundo e teórico suficientes para atribuir sentido ao texto do citado documento. A essa questão, acrescente-se que, conforme depoimento dos professores cujos questionários são objeto de análise do presente estudo, muitos docentes apenas ouviram falar dessas diretrizes. Não tiveram, pois, o necessário contato para conhecê-las em minúcia.

Nesse cenário, com a instituição do Programa Nacional do Livro Didático (PNLD), as editoras vêm, paulatinamente, procurando adequar-se aos pressupostos teóricos dos Parâmetros. Como o livro é o material didático com o qual o professor mais lida, esse fato poderia contribuir para que, em se tratando do trabalho com os gêneros da oralidade, eles tivessem contato com tais teorias. Entretanto, pesquisas mostram que a sua transposição para o espaço da sala de aula, ou seja, o tratamento didático da problemática dos gêneros, ainda padece de muitos problemas. Para Cavalcante e Melo (2006, p. 182), "os autores de manuais didáticos, em sua maioria, não sabem onde e como situar o estudo da fala. Muitas vezes, os livros dão a impressão de que a análise da fala figura apenas como curiosidade. São recorrentes os exercícios que se limitam a atividades do tipo: 'Converse com o colega' ou 'Dê a sua opinião'".

Para um maior aprofundamento desse tema, leia-se o capítulo 1 desta obra, em que Leal, Brandão e Lima tratam dessa temática, fazendo uma reflexão acerca do ensino da oralidade em livros didáticos, com base na análise de algumas coleções.

A promulgação da Lei de Diretrizes e Bases da Educação Nacional (LDB – Lei 9394/96) inspirou, além da produção de diretrizes de abrangência nacional, a criação de documentos estaduais que têm como objetivo melhorar a qualidade da educação. Em Pernambuco, em 2008, foi lançada a Base Curricular Comum (BCC) para as redes públicas de ensino. O documento é resultado de um projeto conjunto, criado pela União dos Dirigentes Municipais da Educação de Pernambuco (UNDIME – PE), pela Secretaria Estadual de Educação, pelo Conselho Estadual de Educação, pela Associação Municipalista de Pernambuco e pela Confederação Nacional dos Trabalhadores em Educação. Depois do lançamento do documento, um amplo debate aconteceu em algumas escolas.

Como se vê, os governos, nas diferentes instâncias, têm empreendido esforços para redirecionar as práticas pedagógicas, com o objetivo de formar pessoas integralmente e de propiciar aos indivíduos o desenvolvimento de habilidades necessárias à sua atuação cidadã. Entretanto, os próprios mecanismos de avaliação criados pelos Ministério da Educação (MEC) (citamos, como exemplos, o Exame Nacional do Ensino Médio – ENEM – e o Sistema de Avaliação da Educação Básica – SAEB) e pelas Secretarias Estaduais de Educação (no caso de Pernambuco, temos o SAEPE) mostram que isso não é suficiente. O contato com o grupo de professores cujos questionários são objeto de reflexão do presente texto mostra que todas essas iniciativas terão sido em vão se essas propostas, que são ancoradas nas mais atuais perspectivas de ensino, não chegarem, efetivamente, às escolas, por meio de políticas públicas contínuas, e não de projetos com data marcada para terminar.

O discurso do professor piauiense: um retrato do tratamento dado à oralidade na aula de Língua Portuguesa

A necessidade de se tratar o texto oral em sala de aula é fato incontestável para todo professor de língua, atualmente. A questão central, entretanto, que provavelmente provoca o pouco investimento do professor em atividades com gêneros textuais orais está relacionada à clareza de que objeto é esse e como trabalhá-lo em sala de aula.

Diferentemente do ensino da gramática – principalmente quando se pauta em um tradicionalismo em que o espaço para reflexão praticamente não existe – e do ensino da escrita, que os docentes têm priorizado em suas práticas (SOARES, 2002; SCHNEUWLY; DOLZ; HALLER,

2004), pensar uma forma sistemática de trabalho com a modalidade oral da língua tem sido fruto recente de reflexões por parte daqueles que estão em sala de aula com a responsabilidade de formar usuários competentes da língua materna.

Para abordar estas questões e refletir, ainda, sobre outras, em junho de 2010, aplicamos um questionário a 35 professores dos anos finais do Ensino Fundamental que atuam em 35 municípios distintos do estado do Piauí e que iniciavam, naquele momento, o curso de formação "Diversidade Textual: os gêneros na sala de aula" do Plano de Ações Articuladas (PAR) no citado estado. O questionário constituía-se de apenas três perguntas: (1) Por que trabalhar com textos orais na aula de Língua Portuguesa? (2) Quais gêneros textuais orais estão presentes na escola? (3) Como tratá-los como objetos de ensino?

A diversidade de municípios representada pelos professores nos permite traçar um retrato significativo do discurso sobre as práticas de ensino de oralidade no estado, principalmente se considerarmos que os professores pertencem a regiões distintas, como o município de Alto Longá, a apenas 67,9 km da capital; Canto do Buriti, a 405 km; e Dirceu Arcoverde, a 560 km.

Por que trabalhar com textos orais na aula de Língua Portuguesa?

Por meio das respostas dadas pelos 35 professores ao questionário, constatamos que todo o grupo reconhece a importância da atenção a ser dada na aula de Língua Portuguesa à modalidade oral da língua. Entretanto, observa-se que os objetivos do ensino da oralidade: (a) muitas vezes não se fazem presentes; (b) quando aparecem, são essencialmente voltados para a aprendizagem da escrita; ou (c) revelam uma concepção reducionista de um trabalho efetivo com gêneros textuais. Além disso, não percebemos, nas respostas, clareza quanto ao tipo de usuário de língua que se pretende formar por meio da abordagem desse eixo de ensino.

A clareza de que tipo de usuário de língua pretende-se formar é essencial para as escolhas metodológicas. De acordo com Schneuwly, ao fazer menção a documentos oficiais que orientam práticas pedagógicas, dentre os princípios do ensino de língua materna, estariam:

- Levar os alunos a conhecer e dominar sua língua, nas situações as mais diversas, inclusive em situações escolares; para chegar a cumprir esse objetivo;
- Desenvolver, nos alunos, uma relação consciente e voluntária com próprio comportamento lingüístico, fornecendo-lhes instrumentos eficazes para melhorar suas capacidades de escrever e falar; e
- Construir com os alunos uma representação das atividades de escrita e fala, em situações complexas, como produto de um trabalho, de uma lenta elaboração (SCHNEUWLY, 2004, p. 114).

O trabalho com os textos orais, então, para atingir esses objetivos gerais de usuários competentes de língua, deve ser pautado no uso e na reflexão acerca de diferentes gêneros textuais, uma vez que, por meio deles, são contemplados aspectos relacionados a conteúdos, estruturas composicionais e elementos estilísticos, configurando, assim, uma abordagem que envolve aspectos discursivos.

Partir desse pressuposto é um caminho para oportunizar práticas significativas. Entretanto, muitos professores demonstram uma visão reducionista do trato dado aos textos orais quando destacam objetivos específicos que muitas vezes não se relacionam com os globais. Por exemplo, o Professor (doravante P.) 2, afirma:

> Eu sempre trabalhei a oralidade em sala de aula porque quando eu estudei não trabalharam a minha oralidade e eu sou tímida. Portanto, eu não quero que meus alunos sofram com a timidez.

Como podemos perceber, a preocupação, nesse caso, recai mais sobre um traço de personalidade, amplamente trabalhado nos cursos tecnicistas de oratória, do que sobre elementos linguísticos e extralinguísticos essenciais no processo de interação, tais como a consideração do contexto situacional de produção, a relação dos interlocutores, as características formais do gênero.

Em outros exemplos, o professor destaca que trabalha com textos orais "por acreditar que eles [alunos] precisam do espaço para desenvolver atividades de integração com a turma" (P18). P6 indica que realiza um trabalho, mas sabe que "não é uma prática muita aceita por outros professores, pois gera bagunça".

Como se pode observar, P6 estabelece uma relação com "bagunça", sem ao menos destacar quais gêneros poderiam ocasionar maior frequência de sobreposição de vozes, desconsiderando que os gêneros, sobretudo os formais da fala pública, são regrados e que um dos princípios da organização do texto oral é a regra de que, enquanto um fala, o outro escuta. Por meio desses três fragmentos, é possível perceber a ausência de clareza quanto aos objetivos planejados e a serem alcançados com o trabalho com gêneros orais.

Quais gêneros textuais orais estão presentes na escola?

Quando questionados sobre quais gêneros textuais orais são alvos das reflexões na aula de Língua Portuguesa, os discursos se encaminharam para duas direções: (a) parte do professorado destacou gêneros escritos e (b) parte fez menção, de fato, aos orais. No primeiro grupo, encontraram-se como respostas, por exemplo:

- "Leitura de jornais, revistas de quadrinhos, revistas informativas, textos literários, provérbios, etc."(P11)
- "Poemas, bula, histórias em quadrinhos, receitas, contos" (P15)
- "Todos os gêneros que trabalhei e trabalho em sala de aula eu considero gênero da oralidade (contos, crônicas, propagandas, charges, piadas, etc." (P17)
- "Leitura de textos literários como: poesia, crônica, romance, letra de músicas, entre outros" (P18)
- "Crônicas, contos, recados, memórias, epopéias" (P27)

Pode-se observar, por meio da palavra "leitura" (P11 e P18), que, na verdade, as atividades não são baseadas em gêneros orais, mas na oralização de textos escritos a partir da prática de leitura em voz alta. Durante muitos anos, segundo estudos anteriores (RAMOS, 1997; FÁVERO; ANDRADE; AQUINO, 1999; MARCUSCHI, 2001b), o trabalho com a oralidade na escola se voltou apenas para atividades de leitura em voz alta, conversa com o colega e construção de uma opinião. Isso pode ser ilustrado com o exemplo de proposta de atividade oferecido por P11:

O professor, em uma aula semanal, faz um planejamento exclusivo para trabalhar a oralidade e capacidade de interpretação. Por exemplo: prepara a sala e salienta os alunos sobre um fato atual, depois de ouvi-los, faz a ressalva de uma notícia interessante e depois de uma conversa, ou melhor, debater a notícia, entregar os jornais e/ou revistas para que os mesmos façam uma leitura por eles escolhida e depois faz uma argumentação (Por que escolheu este texto?).

Não se pretende, aqui, afirmar que esse tipo de atividade não seja válido e não tenha propósitos que visem desenvolver competências e habilidades. A oralização de textos escritos, por exemplo, mobiliza conhecimentos relacionados aos gêneros. Não se lê para os outros um poema, uma piada, um sermão bíblico, um cordel, da mesma forma. De acordo com Schneuwly, Dolz e Haller (2004, p. 146), "estreita é a imbricação entre o texto prévio e a voz colocada a seu serviço para produzir um evento de linguagem". Não se pode negar, então, a forte relação entre as modalidades da língua.

A questão central, entretanto, é que a escola, além do trabalho com gêneros escritos (considerando, inclusive, a sua oralização), deve se voltar para práticas de reflexão e produção de gêneros orais. Por isso, como destaca o segundo grupo de professores questionados, pode e deve estar presente na aula de Língua Portuguesa o trabalho com:

- Cantigas de roda, vídeos de contos infantis e desenhos animados, discursos político gravados, palestras e músicas populares e da cultura local... (P2)
- Seminário, debate, feira cultural (exposição oral). (P5)
- Depoimentos, seminários, entrevistas, programas de rádio, narração de um jogo. (P19)

O trabalho com diferentes gêneros, como os mencionados pelos professores, permite lidar, conforme Schneuwly (2004), com os "orais" em suas múltiplas formas. Segundo o autor, por exemplo:

[...] há pouca coisa em comum entre a *performance* de um orador e a conversa cotidiana; entre uma tomada de turno num debate formal e a discussão num grupo de trabalho; entre uma aula dada e uma explicação numa situação de interação imediata; entre a narração de um conto em sala de aula e uma aventura no pátio do recreio. Os meios linguísticos diferem fundamentalmente; as estruturas sintáticas e textuais são diferentes; a utilização da voz, sempre presente, também se faz de maneira diversa; e igualmente a relação com a escrita é, em cada situação, específica (p. 117).

Daí a importância com o trabalho sistemático com gêneros orais. Mas como fazer isso, diante de uma tradição de ensino de língua voltada para o estudo da gramática ou, a partir das contribuições da Linguística, para as práticas de leitura e escrita de textos?

Como tratar gêneros orais como objeto de ensino?

Considerando o caráter fundamentalmente reflexivo da língua, o trabalho com os gêneros textuais na escola permite fazer com que o aluno amplie o seu domínio linguístico-discursivo para que seja capaz de participar ativamente na sociedade em que está inserido. Entretanto, não é desconsiderada a complexidade da entrada dos gêneros na aula de Língua Portuguesa, uma vez que:

> Há um *desdobramento* que se opera, em que o gênero não é mais instrumento de comunicação somente, mas, ao mesmo tempo, objeto de ensino/aprendizagem. O aluno encontra-se, necessariamente, num espaço do como se, em que o gênero funda uma prática de linguagem que é, necessariamente, em parte, fictícia, uma vez que ela é instaurada com fins de aprendizagem (SCHNEUWLY; DOLZ, 1999, p. 7).

Ao considerar essa "didatização" do gênero, surge a necessidade da "ficcionalização" da situação interativa, que, em relação a textos orais, seria a representação entre os interactantes do momento e do espaço de interação, administrado pelas escolhas do grau de formalidade, das expressões faciais, dos elementos prosódicos, etc.

Por meio do discurso dos professores que destacaram atividades com gêneros orais nesse sentido, pode-se perceber que não há a devida sistematização didática sobre o gênero. Em outras palavras, o professor realiza uma atividade com um gênero oral, mas não faz uma reflexão com os alunos sobre seus aspectos estruturais e funcionais. Como exemplo dessa situação, P5, P24 e P26, respectivamente, afirmam:

- Com o debate, nós discutimos em grupo sobre diferentes temas da atualidade, principalmente aqueles que serão abordados nas redações futuras.
- Após a leitura dos textos é feito um debate entre os alunos, onde os alunos expressam seus pontos de vista, as ideias, dando suas opiniões.
- Após a leitura e apresentação do texto vamos para o debate, deixando que o aluno expresse os seus pensamentos, tornando-os homens críticos.

Nota-se que não há menção a um momento anterior à realização do debate, em que são discutidos, por exemplo: os papéis sociais dos debatedores, mediador e audiência (caso exista); e as regras a serem seguidas no momento da atividade. Outro exemplo é quando o professor pede aos alunos para formarem grupos, distribui as temáticas de estudo e solicita um seminário. Muitas vezes, quando há acompanhamento por parte do professor, este se restringe à seleção do que "entra" ou não na apresentação. Por isso, muitos alunos leem um papel ou decoram o que devem dizer quando o professor proíbe o uso de um material de escrita de apoio.

Ao refletir sistematicamente sobre o gênero *seminário*, o professor pode orientar o aluno, destacando que algumas informações não precisam, de fato, ser memorizadas; é para isso (entre outras razões) que são produzidos cartazes, ou apresentações em Power Point. Proibir o uso do papel, então, não é garantia de que os alunos interagirão com competência nessas situações.

As respostas dadas por P32 revelam que ele é o único professor do grupo que se direciona na perspectiva da sistematização e ficcionalização do gênero. P32 relata uma proposta de atividade para o trabalho com a entrevista em que se observa essa preocupação:

> Perguntei se alguém conhecia. Eles responderam que já tinham visto na TV. Perguntei sobre os elementos essenciais. Lemos uma entrevista com Gabriel O Pensador. Questionei sobre as marcas da oralidade [...]. Em seguida, perguntei quem eles gostariam de entrevistar [...]. Elaboraram as perguntas e saíram em campo muito animados.

Como se pode perceber, o professor informa que explora os conhecimentos prévios dos alunos, apresenta uma entrevista, reflete sobre o gênero, lança a atividade de produção e monitora a execução a partir do planejamento, em sala de aula, das perguntas a serem feitas.

Destacamos que, apesar de defendermos o tratamento integrado dos eixos de ensino de língua materna, o texto oral é objeto autônomo de ensino, uma vez que:

> São objetos construídos e delimitados pelo ponto de vista que os cria: extraídos da matéria que são parte integrante (a variedade infinita das práticas de linguagem), ancorados num quadro teórico (o interacionismo social), fundados em análise empíricas rigorosas de textos orais e, finalmente, acabados em função das escolhas e das propriedades associadas ao ensino-aprendizagem (SCHNEUWLY; DOLZ; HALLER, 2004, p. 148).

Reflexões finais

O contato com o grupo de professores do Piauí, cujos questionários são objeto de reflexão neste capítulo, deu-nos algumas certezas: embora já tenham passado quatorze anos desde o primeiro documento oficial que visa reorientar as práticas de ensino para que o docente desenvolva um perfil que possibilite a formação de cidadãos competentes, inclusive linguisticamente, constatamos que os professores de Língua Portuguesa: (a) vivem, ainda, a fase de transição entre as práticas tradicionais de ensino de língua e as práticas sociointeracionistas; mas (b) têm-se esforçado por compreender as concepções propaladas pelos PCN e (c) têm, principalmente, investido em ações que demonstram seu interesse em atualizar a forma de ensinar a língua materna.

No que diz respeito ao ensino da oralidade, percebe-se a clara compreensão dos professores, com os quais tivemos contato, quanto ao fato de que é importante que a escola prepare os alunos para a interação eficiente em situações de fala em contextos do domínio público. Eles também demonstram bastante clareza quanto à necessidade de se dar o direito de fala aos indivíduos em situação de aprendizagem, para que eles percebam que podem (e devem) exercitar suas potencialidades para a expressão de suas ideias e defesa de seus pontos de vista e, assim, garantirem seus direitos de cidadania.

Entretanto, ainda que consideremos exitosa a experiência que tivemos com o grupo de professores do estado do Piauí, é claramente perceptível o fato de que as ações esporádicas de formação continuada, as quais se efetivam por meio dos inúmeros projetos instituídos pelo Ministério da Educação, não são suficientes para que os professores se despeçam das práticas pedagógicas tradicionalistas de ensino de língua materna. A avaliação dos resultados da ação desenvolvida naquele estado deu-nos mostras claras de que, no que diz respeito ao trabalho com os gêneros textuais em sala de aula, em particular, aos gêneros da oralidade, um processo de autorreflexão, por parte dos professores, da prática pedagógica foi iniciado. Entretanto, a efetiva mobilização desses saberes na prática docente é algo que requer ações contínuas que lhes deem acesso a mais informações pertinentes sobre esse tema, assim como a oportunidade de partilharem experiências com outros professores que, em diferentes lugares do país, exercitem a capacidade de ressignificar seu fazer pedagógico.

Referências

ANTUNES, Irandé. *Aula de português*: encontro e interação. São Paulo: Parábola Editorial, 2003.

ARRUDA, Dóris C. C. Uma análise das concepções e conceitos: linguagem, língua, sentido, significação, gênero e texto.In: SOUSA, Maria Ester V.; VILAR, Socorro F. P. *Parâmetros Curriculares em Questão* – Ensino Médio. João Pessoa: Editora Universitária da UFPB, 2004.

BRASIL. Secretaria de Educação Básica.*Parâmetros Curriculares Nacionais*: terceiro e quarto ciclos do ensino fundamental: língua portuguesa. Brasília: Ministério da Educação/Secretaria de Educação Fundamental, 1998.

BRASIL. *Parâmetros curriculares em ação*: Ensino Médio – linguagem, códigos e suas tecnologias.Brasília: Ministério da Educação/Secretaria de Educação Básica, 2001.

BRASIL. *Parâmetros Curriculares Nacionais para o Ensino Médio*. Brasília: Ministério da Educação/Secretaria de Educação Média e Tecnológica, 2002.

BRASIL. *PCN+ Ensino Médio*: orientações educacionais complementares aos Parâmetros Curriculares Nacionais. Brasília: Ministério da Educação, 2002.

BRASIL. *Orientações Curriculares para o Ensino Médio*: parte II – linguagem, códigos e suas tecnologias. Brasília: Ministério da Educação/Secretaria de Educação Básica, 2006.

CAVALCANTE, Marianne C. B.; MELO, Cristina T. V. Oralidade no ensino médio: em busca de uma prática. In: BUZEN, Clécio; MENDONÇA, Márcia. *Português no ensino médio e formação do professor*. São Paulo: Parábola Editorial, 2006.

FARACO, Carlos A. *Linguagem e diálogo*: as ideias linguísticas do círculo de Bakhtin. Curitiba: Criar Edições, 2006.

FÁVERO, Leonor Lopes; ANDRADE, Maria Lúcia C. V. O.; AQUINO, Zilda G. O. *Oralidade e escrita*: perspectiva para o ensino de língua materna. São Paulo: Cortez, 1999.

MARCHUSCHI, Luiz Antonio. Oralidade e ensino de língua: uma questão pouco "falada". In: DIONÍSIO, Angela Paiva; BEZERRA, Maria Auxiliadora (Org.). *Livro didático de português*: múltiplos olhares. Rio de Janeiro: Lucerna, 2001a.

MARCHUSCHI, Luiz Antonio. *Da fala para a escrita*: atividades de retextualização. São Paulo: Cortez, 2001b.

PERNAMBUCO. Secretaria Estadual de Educação. *Base Curricular Comum para as Redes Públicas de Ensino de Pernambuco*: Língua Portuguesa. Recife: Secretaria Estadual de Educação, 2008.

RAMOS, Jânia M. *O espaço da oralidade na sala de aula*. São Paulo: Martins Fontes, 1997.

SCHNEUWLY, Bernard. Palavra e ficcionalização: um caminho para o ensino da linguagem oral. In: SCHNEUWLY, Bernard *et al. Gêneros orais e escritos na escola*. São Paulo: Mercado das Letras, 2004. p. 109-124.

SCHNEUWLY, Bernard; DOLZ, Joaquim; HALLER, Sylvie. O oral como texto: como construir um objeto de ensino. In: SCHNEUWLY, Bernard *et al. Gêneros orais e escritos na escola.* São Paulo: Mercado das Letras, 2004. p. 125-158.

SCHNEUWLY, Bernard; DOLZ, Joaquim. Os gêneros escolares: das práticas de linguagem aos objetos de ensino. *Revista Brasileira de Educação – ANPED*, n. 11, p. 5-16, 1999.

SOARES, Magda. Português na escola:história de uma disciplina curricular. In: BAGNO, Marcos (Org.). *Lingüística da norma.* São Paulo: Loyola, 2002. p. 155-177.

Capítulo 3

Sala de aula: espaço também da fala

Ana Lima
Normanda Beserra

Por diversas razões, o estudo sistemático da língua falada não foi, durante muito tempo, preocupação da escola e, por isso, esteve ausente das salas de aula e das atividades de língua portuguesa. No geral, professores e educadores acreditavam que, se o aluno já sabia falar, ele estava pronto para executar eficazmente qualquer tarefa que envolvesse a modalidade falada da língua. Nessa perspectiva, trazer para a sala de aula atividades que objetivassem o desenvolvimento da expressão oral dos alunos significava total perda de tempo. Além disso, era também generalizada a crença de que a fala, diferentemente da escrita, era desprovida de regras e, por isso mesmo, simples demais para ser ensinada. Assim, por muito tempo e por motivos diversos, a supervalorização conferida à escrita acabou por menosprezar a fala, como objeto de ensino.

Somente a partir das três décadas finais do século passado, com o desenvolvimento dos estudos sobre a língua falada e a ampliação da noção de "texto" para além da escrita, essas crenças equivocadas vêm sendo superadas pouco a pouco e, hoje, a maioria dos educadores e professores (e não somente os de Língua Portuguesa) reconhece a necessidade de se realizar um trabalho sistemático, com atividades que envolvam tanto a escrita quanto a fala, para o desenvolvimento da competência linguística do aluno.

No que se refere ao trabalho com a língua escrita, os professores de Língua Portuguesa têm encontrado apoio teórico e prático em diversos materiais já publicados. Por outro lado, materiais de apoio para o professor, que tratam especificamente da língua falada, são menos abundantes. Assim, não é de se estranhar que alguns professores da Educação Básica ainda se sintam inseguros quanto ao encaminhamento e, principalmente, quanto aos critérios de avaliação das atividades orais, insegurança que se justifica, também, pelo fato de muitos não terem sido preparados, ao longo de sua formação, para a execução dessas atividades.

Este capítulo foi escrito especialmente para esses professores, com a intenção de auxiliá-los em seu trabalho com a língua falada em sala de aula, por meio da reflexão sobre algumas "regularidades" dos textos orais. Embora as considerações feitas aqui tenham sido pensadas para o professor do Ensino Médio, elas podem ser adaptadas e aproveitadas para o trabalho com alunos de outros níveis de ensino.

Este texto segue a seguinte organização geral: primeiramente, expõe-se, de maneira sucinta, o percurso dos estudos sobre a fala e a escrita, para argumentar a favor da percepção de que a fala é uma atividade tão complexa quanto a escrita e deve ser trabalhada na escola; em seguida, apresentam-se algumas regularidades dos textos falados, com o objetivo de mostrar que a fala também obedece a certas regras; na sequência, argumenta-se a favor da relevância de se trabalhar a oralidade em sala de aula, defendendo-se que a escola é o espaço privilegiado para esse trabalho; por fim, aplicam-se as reflexões teóricas ao gênero *debate* e expõem-se algumas considerações finais.

O percurso dos estudos sobre a fala e a escrita

Quando diversos pesquisadores retomaram, de maneira sistemática, os estudos sobre a língua falada, no século XX, tinham como objetivo, basicamente, identificar as características dessa modalidade, para diferenciá-la da modalidade escrita. Esses estudos, centrados na análise apenas do código, apresentavam a fala e a escrita como atividades opostas, na perspectiva das dicotomias.

Por conta da perspectiva adotada, os resultados desses estudos costumavam ser divulgados na forma de quadros ou tabelas, como o seguinte:

Quadro 1 – Características da fala
e da escrita segundo os primeiros estudos

FALA	ESCRITA
contextualizada	descontextualizada
não planejada	planejada
informal	formal
não tem regras	tem regras
fragmentada	não fragmentada
interlocutor presente	interlocutor ausente

Com o aprofundamento dos estudos, os pesquisadores foram percebendo a impropriedade dessa abordagem e, em trabalhos mais atualizados, que abandonaram essa perspectiva dicotômica, defende-se, no geral, que investigar fala e escrita tendo como foco suas diferenças não contribui para a compreensão e percepção dessas atividades como *práticas sociais*. Segundo Neves (2010, p. 156),

> [...] esse estranhamento entre as duas modalidades, colocadas em polos opostos, como se não se implicassem mutuamente, como se o funcionamento de uma não tivesse relação com o funcionamento de outra, desrespeita a essência da linguagem, com o desconhecimento de que ambas as modalidades de desempenho constituem, para o homem, interfaces do exercício da faculdade da linguagem.

Além disso, estudos atuais concluíram que algumas características apontadas pelos primeiros pesquisadores não devem mais ser atribuídas às modalidades da língua. Por exemplo, hoje, considera-se que não tem cabimento a oposição "contextualizada x não contextualizada", uma vez que se defende a ideia de que qualquer texto, seja da fala seja da escrita, é sempre um texto produzido dentro de um contexto, ou, em outras palavras, é sempre um "texto situado". Assim, atualmente não se concebe a ideia de um texto que seja elaborado fora de uma situação concreta de interação. Por isso, considera-se que todo texto é trocado entre interlocutores reais, que são sócio-historicamente definidos e têm intenções comunicativas específicas para uma situação interativa também específica.

Sobre o planejamento na fala e na escrita, diversos estudos (principalmente o de Ochs, 1979) mostraram que ambas são atividades com alto grau de planejamento. A diferença é que, na fala, mais frequentemente na fala informal, o planejamento é *on-line*, ou seja, ele ocorre concomitante à execução. E é exatamente por conta desse planejamento *on-line* que o texto falado parece fragmentado, em oposição ao texto escrito, que parece não fragmentado. A diferença é que, quando escrevemos, nós *apagamos* as marcas do planejamento, de modo que, quando vemos um texto escrito pronto, não conseguimos enxergar nele as inúmeras vezes em que o autor precisou apagar (ou deletar), reformular, reescrever, etc.

É importante destacar, ainda, que, em algumas situações de fala mais formais, o texto falado pode ser muito bem planejado anteriormente à execução, pelo locutor, embora esse planejamento não garanta que o texto será enunciado tal qual planejado.

No que se refere ao grau de (in)formalidade, estudos mais recentes preferem perceber as relações entre fala e escrita dentro de um contínuo. Pode acontecer de um texto tipicamente falado, como um sermão, ser bem mais formal do que um texto tipicamente escrito, como um bilhete. Assim, formalidade e informalidade não podem ser dadas como características de uma ou de outra modalidade linguística, mas são, antes, exigências das condições de produção dos diversos gêneros de textos, produzidos sempre em situações específicas.

Outra preocupação que norteou os primeiros pesquisadores da língua falada foi a tentativa de descobrir se a fala era mais ou menos complexa do que a escrita. As primeiras conclusões tendiam a defender que a escrita é muito mais complexa. Logo em seguida, novos estudos revelavam que a fala, se não é mais complexa do que a escrita, é pelo menos tão complexa quanto esta. Após anos de investigação e debates, sobre essa questão, ainda hoje não se pode dizer com toda a certeza que os estudiosos chegaram a um consenso.

Para Halliday (1985; 1989), por exemplo, é um erro pensar na língua escrita como altamente organizada, estruturada e complexa, e na língua falada como desorganizada, fragmentada e simples. Segundo ele, a língua falada é tão altamente organizada quanto a língua escrita e é capaz de alcançar o mesmo grau de complexidade. Apenas, segue o autor, ela é complexa de um modo diferente: enquanto a complexidade da escrita reside em sua "densidade lexical", a da fala está em seu "emaranhado gramatical". Obviamente, a "densidade lexical" da escrita e o "emaranhado gramatical" da fala podem evidenciar-se mais, ou menos, a depender do gênero textual elaborado e das condições de produção desse texto.

Adotando uma visão de língua mais discursiva, Silva e Koch (1996) defendem que a construção de qualquer texto, em especial a construção do texto falado, é uma atividade extremamente complexa, principalmente pela grande quantidade de atividades que o locutor realiza com vistas à produção de sentidos.

Assim, hoje, é relativamente consensual entre os pesquisadores da fala, em sua relação com a escrita, que, ao investigar-se *complexidade*, a conclusão deverá sempre apontar para o fato de que cada modalidade é complexa de sua própria maneira. No entanto, apesar da falta de consenso sobre o grau de complexidade da fala, em relação à escrita, permanece, subjacente aos manuais e gramáticas de língua portuguesa, a crença de que a escrita é estruturalmente elaborada e complexa, enquanto a fala é estruturalmente simples. Essa crença não tem sustentação empírica e, no estágio atual dos estudos linguísticos, também não é considerada de grande relevância.

Pode-se, então, sintetizar as conclusões dos estudos atuais afirmando-se que, hoje, fala e escrita são compreendidas: (1) como atividades interativas e complementares, que sempre ocorrem no contexto das nossas práticas sociais e culturais (Marcuschi, 1997; 2001a; 2001b); (2) como atividades complexas, altamente relevantes, cada uma com suas características e finalidades próprias, sendo, ambas, modalidades diversas de um mesmo sistema linguístico. Nem a escrita é a representação gráfica da fala, nem a fala é a escrita em sua representação sonora (Ferreiro, 2003).

São concludentes, a esse respeito, as observações de Marcuschi (2001a, p. 17):

> Oralidade e escrita são práticas e usos da língua com características próprias, mas não suficientemente opostas para caracterizar dois sistemas linguísticos nem uma dicotomia. Ambas permitem a construção de textos coesos e coerentes; ambas permitem a elaboração de raciocínios abstratos e exposições formais e informais, variações estilísticas, sociais, dialetais e assim por diante. As limitações e os alcances de cada uma estão dados pelo potencial do meio básico de sua realização: som de um lado e grafia de outro, embora elas não se limitem a som e grafia.

Portanto, o que os estudos mais recentes apontam sobre a fala e a escrita é, entre outras características, que essas duas atividades:

1. devem ser percebidas como atividades comunicativas e como "práticas sociais situadas" (Marcuschi, 2001a, p. 21);
2. são altamente complexas, cada uma à sua maneira;
3. apresentam diferenças, mas também diversas semelhanças;
4. podem variar quanto ao grau de formalidade, num contínuo que vai do nível mais formal ao mais informal.

Os textos falados e suas regularidades

A primeira impressão que temos ao analisar um texto transcrito de fala é a de que é um texto caótico e desprovido de regras, devido à grande quantidade de trechos repetidos, hesitações, correções e truncamentos na estrutura, que geralmente se apresentam nos textos orais. No entanto, é um grande equívoco achar que o texto falado é isento de regras, ou que na fala "tudo pode" e "tudo cabe".

Todos nós, falantes de uma língua, só conseguimos falar porque dominamos (e muito bem!) um conjunto complexo de regras: (1) regras de uso (sabemos, por exemplo, quando usar apropriadamente formas como *o senhor/a senhora*, em oposição a *tu/você*); (2) regras sociais (sabemos, por exemplo, o que devemos e o que não devemos dizer quando vamos a um velório); e (3) regras do próprio sistema (por menos escolarizado que seja o falante, ele logo cedo aprende que, em português, o artigo precede o substantivo; por isso, nunca ouvimos nenhum falante do português dizer "carro o", em vez de "o carro").[1]

Queremos deixar claro, entretanto, que o termo *regras*, aqui, não deve ser entendido de maneira restrita, ou seja, como referência às prescrições apontadas nos manuais e nas gramáticas escolares (regras prescritivas). Embora essas regras também existam, elas interessam pouco às reflexões que se fazem neste trabalho.

É importante lembrar, ainda, que tanto a fala quanto a escrita apresentam variações, num contínuo que vai do padrão ao não padrão (RODRIGUES, 1995). Contudo, mesmo a chamada "fala padrão", ou seja, a fala proferida por um falante que domina a norma padrão da língua, preserva as características próprias do texto falado.

Defendemos, aqui, a ideia de que, para alguém ser competente em uma dada língua, faz-se necessário que ele(a) saiba usar as regras dessa língua, tanto as da modalidade falada quanto as da modalidade escrita. Essa é a condição para que alguém seja capaz de elaborar textos e, por meio deles, interagir em situações de comunicação específicas.

Sem a pretensão de esgotar todas as características da fala, apresentamos, a seguir, algumas características que podem ser evidenciadas em praticamente todos os textos da modalidade falada, tendo-se tornado, por isso, *regularidades* dos textos orais, que não podem ser negligenciadas no trabalho com a oralidade em sala de aula.

O fato de, na fala, os interlocutores estarem geralmente "em presença" (CASTILHO, 1998) traz algumas consequências formais para o texto que vai sendo construído. Assim, do ponto de vista estrutural, os gêneros falados se caracterizam, geralmente:

- pela presença de certas estratégias, como as *correções*, *hesitações*, *repetições*, *pausas* (mais, ou menos longas), etc., que refletem o fato de, na fala, o planejamento e a execução serem quase simultâneos.

---

[1] Para uma visão mais aprofundada dos vários tipos de "normas", consulte-se Leite (2006).

Essas estratégias são mais evidentes em textos orais dialogados, tal como na conversação informal;

- pela frequência (mais ou menos alta, a depender do gênero textual) dos chamados "marcadores conversacionais" (a exemplo de *bem, né?, sabe?, viu?*, etc.), cujas funções têm sido estudadas de maneira aprofundada por alguns pesquisadores da fala;[2]

- pela frequência de *enunciados modalizados* (como expressões e/ou termos do tipo *eu acho que, me parece que, talvez, realmente*, etc.), que revelam o alto grau de monitoramento do locutor em relação ao texto que ele vai produzindo;

- por uma *sintaxe fragmentada*, consequência de, na fala, locutor e interlocutor construírem o texto conjuntamente, o que, segundo Castilho (1998, p.16-17), "obriga ambos a uma sorte de coprocessamento sintático", do qual resulta uma sintaxe fragmentária. Essa fragmentação da sintaxe fica mais evidente em textos falados menos planejados.

- nos gêneros orais dialogados, pela organização em *turnos*, especialmente nos diálogos simétricos, ou seja, naqueles em que os interlocutores participam de maneira mais equilibrada, sem que haja prevalência da fala de um em relação à do outro (é o caso da conversação face a face, das entrevistas, de algumas trocas durante as aulas, dos debates, etc.). Nos diálogos assimétricos, o locutor fala o tempo todo e o(s) interlocutor(es) apenas escuta(m). Nesses casos (mais raros), não há troca de turnos (como nos sermões religiosos, numa conferência, num discurso de posse, etc.).

Do ponto de vista discursivo, o texto falado não difere do texto escrito e preserva, dentre outras, as seguintes características:

- é um texto que está inserido em um *contexto de produção e recepção* mais amplo;

- é um texto *produzido para alguém*, ou seja, um texto que tem interlocutor(es), para o(s) qual(is) o locutor se dirige. Esse(s) interlocutor(es) tem(têm) a possibilidade de interferir no texto que

---

[2] Em português, um dos primeiros trabalhos mais aprofundados sobre os marcadores conversacionais foi o de Marcuschi (1989).

recebe(m), à medida que vai(vão), de várias maneiras, demonstrando para o locutor se está(ão) acompanhando, ou não, o texto, e como se dá esse acompanhamento (se concorda(m), se o texto lhe(s) agrada etc.). Nos casos em que o(s) interlocutor(es) não está(ão) presente(s), o locutor tem de esforçar-se mais para imaginar de que maneira seu interlocutor está acompanhando o texto;

- é um texto cujos *sentidos* não estão dados *a priori*, mas se dão na própria situação interativa.

Essas regularidades presentes nos textos falados precisam ser levadas em conta pelo professor, quando decide propor, em sala de aula, uma atividade de ensino-aprendizagem de um texto da fala.

Sala de aula: espaço também da fala

Já ressaltamos que o fato de a fala ser adquirida naturalmente, em contextos informais do nosso dia a dia, não significa que ela é uma atividade sempre informal. Assim como acontece com a escrita, há situações de nossa vida social que requerem um nível mais formal de fala. Por exemplo, quando conversamos com amigos e familiares, geralmente estamos relaxados e nem prestamos muita atenção à nossa fala. Isso acontece em decorrência da situação de interação em que nos encontramos: conhecemos os nossos interlocutores, com quem temos relações de amizade; estamos em ambiente privado; e, geralmente, nossas trocas comunicativas com eles são sobre assuntos do nosso dia a dia, sobre os quais nos sentimos à vontade para manifestar nossos sentimentos e nossas impressões, com alto grau de espontaneidade.

Porém, quando nos encontramos em uma entrevista de emprego, situação em que temos consciência de que somos avaliados por aquilo que falamos, tendemos a "policiar" nosso discurso, o que nos leva, entre outras atitudes, a baixar o tom da voz, escolher as palavras que julgamos mais apropriadas para a ocasião, optar por um vocabulário mais "rebuscado". Nessa situação, queremos ter as "respostas certas", demonstrar confiança, convencer o entrevistador de que somos a pessoa mais adequada para a função, disfarçar o nervosismo e a ansiedade. Todas essas condições tendem a aparecer no nosso discurso oral.

Essa consciência sobre as exigências da situação de interação social que vivenciamos e a competência para atuar adequadamente, por meio da fala, é parcialmente aprendida no próprio convívio em sociedade. No entanto, há situações interativas cuja ocorrência se restringe a certas esferas discursivas, para as quais precisamos, todos nós, de treinamento específico. É o caso da esfera acadêmica, na qual também circulamos e nos comunicamos, por meio tanto da escrita quanto da fala.

No que se refere à fala, nessa esfera, deparamo-nos com o desafio de, por exemplo, apresentar um seminário, expor oralmente nossa opinião sobre um tema, debater com os colegas, expor o que pesquisamos sobre determinado assunto, ler um texto em voz alta, declamar um poema, fazer um agradecimento em nome da turma, contar uma história, apresentar uma peça teatral, participar de um júri simulado, dar um recado em outras turmas, etc. Como desempenhar bem essas diversas atividades se a escola não oportunizar treinamento específico para cada uma delas?

E por que é a escola que deve assumir a tarefa de preparar os alunos para essas situações de uso da modalidade oral da língua? A resposta é simples: porque são raras as situações reais de uso de um discurso oral mais formal por parte dos alunos fora do ambiente escolar. Além das situações de ensino-aprendizagem, é também na escola onde surgem as primeiras (e ricas) oportunidades de os alunos enfrentarem os gêneros orais públicos, em atividades diversas. Por exemplo, no espaço dos grêmios escolares, nas escolas de Ensino Médio, surgem os inevitáveis avisos e convites que interrompem a rotina das aulas, assim como os debates e discursos políticos inflamados, principalmente durante os processos eletivos.

Cabe, portanto, ao professor explorar tais oportunidades para a reflexão sobre a modalidade oral e sua análise, ampliando e sistematizando os saberes dos alunos. Por isso, os professores (especialmente os de Língua Portuguesa, mas não apenas estes!) devem estar preparados para propor atividades por meio das quais o aluno seja capacitado a usar a modalidade oral da sua língua, em contextos mais formais.

Nunca é demais lembrar que trabalhar a oralidade em sala de aula não significa ensinar o aluno a falar, pois isso ele já sabe, e sabe bem. Trabalhar a oralidade também não é apenas abrir espaço para que o aluno "converse com o colega" sobre um assunto qualquer. Como apontam Cavalcante e Melo (2006, p. 183), "trata-se de identificar, refletir e utilizar a imensa riqueza e variedades de usos da língua na modalidade oral". Ou, de acordo com os PCN, "ensinar língua oral deve significar para a escola possibilitar acessos a usos da linguagem mais formalizados e convencionais, que exijam controle mais consciente e voluntário da enunciação, tendo em vista a importância que o domínio da palavra pública tem no exercício da cidadania" (BRASIL, 1999, p. 67).

É importante, no trabalho com a modalidade oral, não perder de vista que os fatos da linguagem se dão na perspectiva dos gêneros textuais (DIAS, 2010). Isso significa que o ensino da oralidade deve ser encarado por meio de um modelo que inclui a organização estrutural e o funcionamento discursivo do texto. Assim, do mesmo jeito que observamos um gênero da modalidade escrita (a carta pessoal, por exemplo) com determinada "cara",[3] também o texto de modalidade oral deve ser examinado com base no gênero em que se manifesta.

Tomemos, por exemplo, um convite oral levado a uma sala de aula por outro estudante que deseja a participação da turma em um debate sobre as propostas dos candidatos à presidência do grêmio. Pode-se prever para esse texto o predomínio de sequências argumentativas e injuntivas dispostas em torno de seu propósito, de seus interlocutores (por exemplo, se o convite é do candidato da situação ou de seu opositor), enfim, de todas as demais variantes que fazem parte da situação discursiva. Assim, do mesmo jeito que o professor leva um texto escrito para a sala de aula, pode também fazê-lo com um texto de modalidade oral, especialmente se planejar a sua ação docente em torno desse propósito e incluir a pesquisa e o uso de equipamentos, como gravadores e filmadoras.

---

[3] Espera-se de uma carta pessoal que contenha certas informações – cidade e data, vocativo, texto propriamente dito, despedidas e assinatura, tudo isso disposto de certa maneira mais ou menos convencional no espaço do papel. Além disso, ela "funciona", discursivamente, de determinada maneira: um locutor dirige-se a outro para dar e pedir notícias, para relatar a viagem, ou para dizer palavras de afeto, etc.

Nesse sentido, busca-se a superação da tradicional visão com que a oralidade é geralmente trabalhada, com foco nas regras estabelecidas pela gramática normativa, acreditando-se, dessa maneira, estar contribuindo para que o aluno domine a língua portuguesa padrão. Expressar-se bem oralmente, de acordo com essa visão distorcida, é reproduzir, na fala, as convenções da escrita. Não são consideradas, assim, as circunstâncias de produção, circulação e recepção do texto oral, nem as regularidades apontadas no item "Os textos falados e suas regularidades", deste capítulo.

Aplicando as reflexões a um gênero oral: o debate

As reflexões feitas até agora podem ser aplicadas a gêneros orais diversos, mas vamos centrar nossas sugestões no gênero *debate*, que é bastante produtivo em sala de aula.

Em nossa sociedade, o termo *debate* é aplicado de maneira muito ampla, abrangendo desde situações informais, quando, por exemplo, queremos defender nossos pontos de vista a respeito de algum tema, numa roda de conversa entre amigos, até situações formais, públicas, organizadas em torno de um tema de interesse geral e envolvendo certo número de pessoas que devem argumentar a favor ou contra um ponto de vista, com tempo de exposição predeterminado.

É essa face mais formal do debate que sugerimos seja trabalhada em sala de aula. Para isso, o professor deve planejar uma sequência didática que seja desenvolvida em, no mínimo, 12 momentos/encontros, que podem, ou não, ter a duração de uma aula.

Propomos que o trabalho seja desenvolvido em três etapas: uma etapa de planejamento, uma de execução (quando acontecerá, de fato, o debate) e uma de avaliação da atividade realizada. Para o bom êxito da atividade, cada uma das etapas deve contar com a participação e o envolvimento do professor (ou dos professores, numa perspectiva interdisciplinar) e dos alunos; ou seja, todas as decisões e tarefas devem ser conjuntas.

Apresentamos, a seguir, uma visão geral de trabalho com o gênero *debate*, que precisa ser adaptada a cada realidade escolar.

Quadro 2 – Proposta de sequência didática
para o trabalho com o gênero debate

Etapas	Momentos	Objetivos/Atividades	Observações
Planeja-mento	1º e 2º	– definir com clareza os objetivos da atividade – selecionar o tema a ser debatido – definir quem/quantos serão os debatedores – definir a posição (a favor x contra) dos deba-tedores – escolher um moderador, que apresentará o tema e conduzirá os trabalhos – definir as regras do de-bate (ordem de apresenta-ção, tempo de exposição, etc.) – definir se (e quais) re-cursos audiovisuais serão utilizados na atividade	O tema pode ser esco-lhido a partir de pro-postas apresentadas por professor(es) e alunos. É importante que o tema seja do interesse dos alunos e da comunidade. O professor deve orientar os alunos quanto ao uso de registro formal, a questões de prosódia, gestualidade, etc.
	3º a 10º	– estudar as características do gênero em questão – buscar subsídios para a elaboração temática – trabalhar aspectos da textualidade (como recur-sos de coesão e coerência, seleção lexical, organiza-ção do texto, etc.) – explorar as relações en-tre a fala e a escrita	O tema pode ser apro-fundado pela leitura de vários textos, que apresentem pontos de vista divergentes.

Etapas	Momentos	Objetivos/Atividades	Observações
Execução	11º	realização do debate	Não se deve esquecer de preparar o ambiente previamente, com checagem de todos os aparelhos eletrônicos. O professor deve orientar os espectadores quanto à escuta atenta e compreensiva.
Avaliação	12º	– avaliar o desempenho dos alunos (aspectos positivos e negativos), tendo como norte o gênero textual – avaliar o efeito do debate sobre os participantes – avaliar se os objetivos propostos foram alcançados	A avaliação deve ser feita por todos os participantes (inclusive com autoavaliação), e não apenas pelo professor.

Considerações finais

Na realização de atividades orais, o professor desempenha o importantíssimo papel de mediar a produção, ajudando seus alunos a encontrar estratégias que permitam o desenvolvimento das habilidades requeridas. Na etapa do planejamento, principalmente, a contribuição do professor é crucial para que os objetivos sejam alcançados.

Enfim, não resta dúvida de que a sala de aula só tem a enriquecer-se ao abrir espaço para o trabalho com gêneros orais diversos. Serão enriquecidos os alunos, pela oportunidade de expressar-se oralmente, de ser fazer ouvir, e de compreender o que significa "ter voz", na escola e na vida. Mas certamente serão bem mais enriquecidos os professores, porque logo perceberão que o trabalho com gêneros orais trará efeitos positivos para a leitura, a escrita, a atitude e o comportamento de seus alunos.

Falar publicamente, com objetivos definidos, também é parte integrante da nossa vida em sociedade. Assim é que, no campo da comunicação oral pública, a escola pode atuar sistematicamente e contribuir efetivamente para o desenvolvimento da competência linguística, oral e escrita, dos educandos.

Ao professor, deixamos nossa palavra de encorajamento, porque temos a certeza de que, para ele e para seus alunos, será uma rica e estimulante experiência trabalhar com a oralidade em sala de aula.

Referências

BRASIL. Ministério da Educação, Secretaria de Educação Básica. *Parâmetros Curriculares Nacionais*. Brasília: Ministério da Educação/Secretaria de Educação Básica, 1999.

CASTILHO, Ataliba Teixeira de. *A língua falada no ensino de português*. São Paulo: Contexto, 1998.

CAVALCANTE, Marianne; MELO, Cristina Teixeira de. Oralidade no ensino médio: em busca de uma prática. In: BUNZEN, Clecio; MENDONÇA, Márcia (Org.). *Português no ensino médio e formação do professor*. São Paulo: Parábola, 2006. p. 181-198.

DIAS, Rachel Ângela Rodrigues. *O ensino da oralidade*: uma abordagem por meio dos gêneros. Texto disponível em: <www.alb.com.br/anais17/txtcompletos/sem04/COLE_4096.pdf>. Acesso em: 22/11/2010.

FERREIRO, Emilia. Escrita e oralidade: unidades, níveis de análise e consciência metalinguística. In: FERREIRO, Emilia (Org.). *Relações de (in) dependência entre oralidade e escrita*. Tradução de Ernani Rosa. Porto Alegre: Artmed, 2003. p. 139-172.

HALLIDAY, Michael A. K.*An introduction to functional grammar*. Baltimore: Edward Arnold Publishers, 1985.

HALLIDAY, Michael A. K. *Spoken and written language*. Oxford: University Press, 1989.

LEITE, Marli Quadros. Língua falada: uso e norma. In: PRETI, Dino (Org.). *Estudos de língua falada*: variações e confrontos. 2.ed. São Paulo: Associação Editorial Humanitas, 2006. p. 179-208.

MARCUSCHI, Luiz Antonio. Marcadores conversacionais no português brasileiro: formas, posições e funções. In: CASTILHO, Ataliba Teixeira de (Org.). *Português culto falado no Brasil*. Campinas: Editora da Unicamp, 1989.

MARCUSCHI, Luiz Antonio. Oralidade e escrita. *Signótica*, v. 9, n. 1, p. 119-145, jan./dez. 1997.

MARCUSCHI, Luiz Antonio. *Da fala para a escrita*: atividades de retextualização. São Paulo: Cortez, 2001a.

MARCUSCHI, Luiz Antonio. Letramento e oralidade no contexto das práticas sociais e eventos comunicativos. In: SIGNORINI, Inês (Org.). *Investigando a relação oral/escrito e as teorias do letramento*. Campinas: Mercado de Letras, 2001b. p. 23-50.

NEVES, Maria Helena de Moura. *Ensino de língua e vivência de linguagem*: temas em confronto. São Paulo: Contexto, 2010.

OCHS, Elinor. Planned and unplanned discourse. In: GIVÓN, Talmy (Ed.). *Discourseandsyntax*. New York: Academic Press, 1979. p. 51-80.

RODRIGUES, Ângela Cecília de Souza. Língua falada e língua escrita. In: PRETI, Dino (Org.). *Análise de textos orais*. 2. ed. São Paulo: FFLCH/USP, 1995.

SILVA, Maria Cecília; KOCH, Ingedore Vilaça. Estratégias de desaceleração do texto falado. In: KATO, Mary (Org.). *Gramática do português falado*. Campinas: Editora da Unicamp/Fapesp, 1996. v. 5, p. 327-338.

Capítulo 4

Entrevistas: propostas de ensino em livros didáticos

Telma Ferraz Leal

Ana Gabriela de Souza Seal

> Por muito tempo, o único meio pelo qual qualquer tipo de conhecimento pôde sobreviver de uma geração a outra foi a tradição oral. A fala rítmica foi o primeiro grande meio de comunicação de idéias complexas do mundo, e certamente havia homens de mídia com habilidade surpreendente muito tempo antes de alguém na terra ter sabido escrever (BYNUM, 1974, p. 1, *apud* CORRÊA, 2001, p. 137).

É realmente intrigante pensarmos o quanto a oralidade, apesar de ser muito mais presente nas interações humanas que a escrita, tem sido tão desvalorizada nos espaços escolares e em outras esferas sociais. Parece haver certo consenso de que falar é algo "natural" e que, portanto, não requer intervenções educacionais mais sistemáticas ou que "falar bem em determinadas situações" é resultado de um dom inato que apenas algumas pessoas possuem e que, portanto, não adianta realizar ações de ensino nessa direção.

Esse pressuposto, apesar de predominar na prática escolar, não parece ser unanimidade entre estudantes da Educação de Jovens e Adultos (EJA) que reclamam a pouca atenção dada a tal eixo de ensino, conforme foi mostrado por Amorim (2009). Os jovens e adultos, ao serem indagados sobre o que gostariam de aprender na escola, citaram, entre outros conteúdos, objetivos relativos à modalidade oral.

> Escrever textos e as palavras mais corretas pra quando arrumar um emprego e o jeito de falar no trabalho, porque isso conta. A pessoa tem que saber falar nos ambiente e não falar errado. (Rosa, 39 anos)
>
> Falar e escrever. [...] Tem que saber se expressar nos locais. Eu sei, mas eu quero aprender mais. Numa entrevista de um emprego tem que saber. (Jonas, 27 anos)

Com base nos dados dessa pesquisa, Amorim (2009) mostrou que um dos motivos pelos quais os estudantes diziam querer "aprender a falar" era a necessidade de superar a exclusão social. Estamos convencidos, assim como Amorim, de que, embora a escola e outras esferas sociais não valorizem o ensino da oralidade, desvalorizam as pessoas que não produzem determinados textos orais com desenvoltura e fluência ou que falam segundo variações linguísticas próprias de grupos sociais pouco prestigiados.

Propomos, portanto, que tal questão seja mais debatida entre pesquisadores e que a escola passe a encarar com mais seriedade esse eixo de ensino. Rojo (2001, p. 65) também vem em defesa dessa ideia, ao afirmar que

> Dessa perspectiva, a escola é justamente um lugar enunciativo privilegiado para colocar em circulação e em relação as formas discursivas (gêneros) secundárias e públicas [...]. Assim, cabe aqui refletir sobre o papel da escola nos processos de letramentos e na construção não só das formas típicas dos discursos escritos (em geral, gêneros secundários), mas também das formas típicas da oralidade pública, formal e dita "culta" (também, em geral, gêneros secundários).

Nessa citação de Rojo, destaca-se a ênfase que a autora destina não apenas ao trabalho com a oralidade de modo geral, mas, mais particularmente, aos gêneros secundários orais. No entanto, apesar dos argumentos de diferentes estudiosos sobre o tema, o ensino da oralidade, como já dissemos, não vem sendo frequente nas escolas brasileiras e é pouco contemplado nos livros didáticos (LEAL; BRANDÃO; NASCIMENTO, 2010; SOUZA; MOTA, 2007; FILHO, 2007).

Para melhor fundamentar nossa defesa pela constituição da oralidade como eixo do ensino, decidimos, nesta obra, refletir sobre diferentes gêneros orais e sua circulação na escola. Neste capítulo, abordaremos especificamente o trabalho com entrevistas. Antes, no entanto, consideramos importante tratar um pouco das relações entre oralidade e escrita, sobretudo por este gênero – a entrevista – constituir-se nessas relações.

Os diferentes modos de articulação entre a oralidade e a escrita em diferentes esferas sociais de interação e nos contextos de entrevistas

Ao tratarmos das relações entre oralidade e escrita, assumimos, assim como Signorini (2001, p. 11), que

> A hipótese geral de uma função complementar do oral e do escrito nas práticas de letramento não se traduz apenas pela complementaridade de distribuição de "formas de comunicação" e "tipos de atividade linguística", nos termos propostos por Kato (1993, p. 32-34), mas também pela sobreposição e imbricamento dessas duas modalidades numa mesma atividade de comunicação social, o que invalida a apreensão dicotômica tradicional entre oralidade e escrita (ROJO, 1995; TERZI, 1995; SIGNORINI, 1999).

Conceber que há múltiplas relações entre oralidade e escrita é um requisito para, no contexto escolar, evitarmos os reducionismos e as dicotomias que muitas vezes vêm sendo difundidos entre pesquisadores e professores. Caminhando nessa direção, mesmo sem termos a pretensão de esgotar as inúmeras possibilidades de relações entre oralidade e escrita, podemos enumerar alguns tipos de relações que são importantes de serem abordados no contexto escolar.

Apoio em conhecimentos acerca de gêneros orais para a produção e compreensão de gêneros escritos

Uma das formas de relação que nem sempre é percebida pelos usuários da língua, mas é bastante comum em nosso cotidiano, é a transferência de conhecimentos adquiridos em situações de interação por meio de textos orais para as situações de escrita e leitura. Diversos autores (Schneuwly, 1988; Val; Barros, 2003; Abaurre; Mayrink-Sabinson; Fiad, 2003, entre outros) já vêm aventando a possibilidade de que na produção de textos escritos ocorreria um processo de trans-formação de conhecimentos acerca de gêneros orais e escritos próprios de esferas de interlocução similares à situação proposta, que seriam adaptados para as novas situações. Acreditamos que também nas situa-ções de leitura, os conhecimentos apropriados por meio de situações de oralidade favorecem os processos de compreensão de textos.

Por exemplo, ao ser solicitada a escrita de uma carta de reclama-ção, entre outras experiências pregressas que podem ser usadas pelo autor do texto, podemos destacar que, sem dúvida, suas vivências em situações em que as pessoas reclamam oralmente de algo auxiliam na tarefa de escrita. O sujeito pode mobilizar conhecimentos sobre o que dizer, ou sobre como dizer, além de resgatar conhecimentos sobre as atitudes para com aquele que é responsabilizado pelo objeto alvo de reclamação, como o grau de polidez exigido em determinadas ocasiões. Assim, é possível, para ensinar a produzir carta de reclamação, co-meçar mostrando aos estudantes que eles têm conhecimentos válidos que podem ser usados como ponto de partida para a tarefa proposta. Obviamente, as diferenças entre tais gêneros são muitas, mas podem ser apropriadas no decorrer da ação de escrita, revisão e avaliação dos textos.

Outro exemplo simples pode ser dado em relação a alguns textos instrucionais. Crianças, desde muito cedo, ensinam a seus pares as brincadeiras que aprenderam, de modo a inseri-los nos jogos. Desse modo, produzem e escutam instruções de brincadeiras orais. Aliás, as brincadeiras populares vêm sendo mantidas no decorrer dos séculos por meio de práticas orais de repasse de suas regras. Tais textos, sem dúvida, possuem semelhanças grandes com as instruções de jogos que aparecem em caixas de brinquedos. Acreditamos que tais semelhanças favorecem a transferência de conhecimentos de como produzir um gênero oral para como produzir um gênero escrito. Val e Barros (2003), em uma pesquisa com dez alunos de 1ª série de uma escola pública, verificaram que mesmo antes de dominarem os mecanismos formais da escrita, as crianças foram capazes de "ditar" ou "ler" (fazendo de conta) instruções de jogos e receitas. As autoras salientaram que:

> A análise dos dados autoriza a afirmação geral de que as crianças entrevistadas tinham conhecimento do tipo injuntivo e revelaram esse conhecimento quando produziram textos tanto do gênero receita quando do gênero regra de jogo. Este tipo de texto está presente no cotidiano das crianças, em receitas caseiras de alimentos e remédios e nas instruções partilhadas de jogos e brincadeiras, enquanto gêneros primários em sua modalidade falada (VAL; BARROS, p. 143).

Outros gêneros, como os contos e as piadas, também podem servir de apoio para a aprendizagem da escrita. Isto é, na escola é possível resgatar conhecimentos construídos nas práticas orais para a construção de textos escritos, diminuindo o estranhamento que muitas crianças têm em relação à cultura escolar.

No caso do trabalho com entrevistas, o fato de poderem ser encontradas entrevistas orais e entrevistas escritas é algo que não pode passar despercebido na escola. A experiência de assistir a entrevistas televisivas, sem dúvida, pode favorecer em muito o trabalho de compreensão de entrevistas escritas. As pessoas que já assistiram a muitas entrevistas descobrem rapidamente quais são as finalidades desse gênero. Sabendo quais são as finalidades do gênero e os papéis que são desempenhados por entrevistado e entrevistador, os estudantes podem, por exemplo, diferenciar o gênero *entrevista* e o gênero *conversa coloquial* e entender por que um dos envolvidos se alonga mais no seu turno de fala que o outro. O contato com situações de entrevistas televisivas pode, ainda, ajudá-los a entender que o entrevistado tem alguma característica particular que justifica ter sido escolhido para a situação e que tal característica tem relação com o tema da entrevista. Sem dúvida, tais conhecimentos são relevantes para a interpretação do texto que está sendo lido. Assim, na escola, levar entrevistas nas duas modalidades é uma estratégia valiosa para os estudantes aprenderem a lidar com as situações corriqueiras em que as entrevistas são feitas.

Uso de recursos da oralidade para leitura em voz alta

Como já foi discutido no capítulo 1, a atividade de oralização do texto escrito constitui-se como uma situação em que o texto foi originalmente escrito, mas sua recepção faz-se por meio da oralidade. Sem dúvida, nesses casos, os recursos próprios da oralidade, tais como o tom de voz, a entonação, a velocidade e o ritmo da voz, a gestualidade, a expressão facial, constituem sentidos, afetando os efeitos causados pelo texto.

Nas situações de entrevista, por exemplo, o entrevistador muitas vezes lê as perguntas para o entrevistado. O modo como a pergunta é lida, sem dúvida, provoca no entrevistado expectativas sobre o que é esperado dele naquele momento, ou seja, o que se espera que ele diga em resposta à indagação.

Situações em que os textos são decorados e depois oralizados também podem ser englobadas neste tópico. Vivenciar situações desse tipo pode ser muito importante para desenvolver as habilidades relativas a diferentes recursos da oralidade.

Uso da oralidade para explicar ou complementar textos escritos

Em algumas situações em que um determinado texto está sendo lido, os interlocutores recorrem a estratégias de completar, por meio de trechos produzidos oralmente, os sentidos do texto escrito. Por exemplo, em uma apresentação de congresso, expositores que optam por ler seus textos, com frequência, intercalam a leitura com comentários produzidos no momento da apresentação. Em intervenções de líderes religiosos, também é comum a intercalação entre leitura de textos bíblicos, por exemplo, e comentários dos oradores. Em discursos políticos, igualmente, podem ser observadas situações desse tipo.

Em relação às entrevistas, como dissemos anteriormente, o entrevistador muitas vezes lê as perguntas. No entanto, é comum vê-lo complementar, explicar a pergunta ou mesmo refazê-la diante da reação do entrevistado.

Analisar esses usos da leitura e da escrita e planejar situações em que tais estratégias possam ser usadas pode ser muito enriquecedor na escola.

Inserção de trechos originalmente orais em textos escritos

Frequentemente, lemos textos em que o autor insere vozes de pessoas que foram entrevistadas ou que deram depoimentos sobre determinado tema ou que falaram algo em público. Exemplos abundantes podem ser encontrados em notícias, reportagens e artigos de opinião de revistas e jornais. Uma característica marcante desses gêneros é exatamente a de relatar um acontecimento ou tratar de alguma questão orquestrando diferentes opiniões ou visões sobre o que aconteceu. Os jornalistas, por exemplo, ao produzirem uma notícia, narram um determinado evento e para evidenciar sua veridicidade incorporam ao texto trechos de "falas" de pessoas que participaram ou testemunharam o fato ocorrido.

Por meio de entrevistas, os jornalistas pesquisam os acontecimentos, coletam as informações necessárias à elaboração textual e selecionam alguns trechos que podem ser inseridos em seus textos. Ao inserirem os trechos, usam marcadores gráficos, como aspas, parênteses, boxes, para indicar que o trecho foi dito pela pessoa citada.

Analisar as estratégias de inserção de textos originalmente orais em textos do domínio jornalístico é um tipo de intervenção didática muito profícua para o desenvolvimento de estratégias de compreensão de textos escritos (identificação de diferentes pontos de vista em textos escritos) e para a reflexão sobre a importância dos textos orais para a composição desses textos. Além disso, um trabalho muito rico pode ser exatamente o de desenvolver projetos ou sequências didáticas em que os estudantes tenham de escrever reportagens e notícias e, para isso, sejam desafiados a realizar entrevistas para coletar informações e selecionar trechos para inserir em suas matérias. Planejar as entrevistas tendo os objetivos citados em mente, entrevistar as pessoas, analisar as entrevistas e usar dados coletados por meio de entrevistas no texto escrito são habilidades complexas que podem ajudar os estudantes a desenvolver muitas habilidades de leitura, escrita e oralidade.

Uso da escrita como apoio para a construção de textos orais

Outro tipo de situação em que oralidade e escrita se misturam é aquela em que o falante produz um texto oral usando informações presentes em textos escritos. Por exemplo, podemos lembrar de situações em que os professores usam *slides* ou cartazes para organizar melhor suas intervenções orais. Nesses casos, os escritos servem para apoiar a memória, liberando o expositor de ter de memorizar tudo o que vai dizer, e para ajudar o ouvinte a acompanhar a exposição, visualizando o que está sendo exposto. Em debates também são frequentes os usos de anotações que contenham informações que podem ser usadas pelos debatedores para argumentar sobre o que estão querendo defender.

Nas situações de entrevista, são comuns as estratégias de usar apoio da escrita, por exemplo, por meio de roteiros de perguntas ou de temas a serem abordados, que são consultados pelo entrevistador. Os entrevistados também podem levar anotações com informações que possam ser usadas para responder determinadas perguntas.

Refletir com os estudantes sobre a importância de usar recursos escritos em diferentes situações de oralidade pode ser um dos objetivos do trabalho do professor. Desse modo, ao tratarmos sobre entrevistas, podemos sugerir o desenvolvimento de estratégias de preparação das entrevistas, por meio da produção de roteiros de perguntas, e o desenvolvimento de estratégias de entrevistar usando o roteiro, mas sem ficar restrito a ele. Podem ser elaboradas aulas em que os estudantes planejem entrevistas, executem e avaliem. Podem ainda ser conduzidas aulas em que os estudantes analisem entrevistas televisivas para verificar, entre outras coisas, como as pessoas utilizam os textos escritos nessas atividades.

Uso de recursos linguísticos gráficos para reproduzir fenômenos típicos da oralidade e imitar modos de falar

Em muitos textos escritos, os autores utilizam estratégias de "tentar reproduzir o mais fielmente possível o jeito de falar de um determinado grupo social". Muitas letras de música, poemas, contos lançam mão de tal estratégia. Algumas vezes, há "propagação de estereótipos" e desvalorização de algumas variações linguísticas, provocando discriminação de grupos sociais pouco prestigiados na sociedade, tais como os moradores de zonas rurais ou nordestinos, entre outros. Vale a pena, na escola, analisar tais textos e refletir sobre essas questões.

No entanto, é possível também desenvolver atividades com textos interessantes em que tais estratégias são usadas para provocar determinados efeitos de sentido, como caracterizar uma personagem ou a cultura de um grupo, sem promover estigmatização.

Apesar de valorizarmos tais estratégias usadas pelos autores, muitas vezes desvalorizamos os textos das crianças, jovens e adultos em processo de escolarização, exatamente porque eles inserem "marcas de oralidade". Não é nosso objetivo, neste capítulo, aprofundar tal questão, mas podemos introduzir algumas reflexões importantes.

Corrêa (2001, p. 143) defende veementemente a heterogeneidade da escrita como algo imanente a essa modalidade, e não apenas como ocorrências ocasionais, em que intencionalmente determinadas variações linguísticas são explicitamente representadas. Em suas palavras:

> Esclareço, de saída, que defino a relação oral/escrito como um fator que marca a heterogeneidade *da* escrita e não a heterogeneidade *na* escrita. Ao referir-me à relação oral/escrito, ligo propositalmente uma prática social do campo das práticas orais (aquilo a que chamo "o modo de enunciação oral") a uma prática social do campo dos fatos lingüísticos (aquilo a que chamo "o modo de enunciação escrito") (grifos do autor).

Esse autor critica a ideia de que a escrita "valorizada" é a que não contém "marcas da oralidade". Ele defende que é um equívoco conceber que há uma interferência unilateral do oral no escrito. Os dois modos de enunciação se influenciam mutuamente e convivem nas práticas cotidianas. Para Corrêa (2001, p. 157-158), é preciso considerar, no ensino de produção de textos, a constituição heterogênea da escrita. Os recursos de representação dos fenômenos orais no texto escrito precisam ser valorizados nos processos educativos. Segundo o autor:

> Quando, nesse processo e por meio desses recursos, o aluno alcança produzir efeitos estilísticos intencionalmente desejados, não há por que tachá-los como negativos. Pelo contrário, defendo que é preciso tornar-se matéria assentada o fato de que há sempre uma fala em todo texto escrito. Em vez de desvalorizá-las, portanto, seria conveniente mostrar ao aluno que o reconhecimento de tais recursos pode representar uma percepção importante no processo de construção do texto escrito. É recomendável, pois, que ele a desenvolva, tenha-a

mesmo como um parâmetro para avaliar a qualidade de sua produção escrita, utilizando-a, desse modo, em benefício de suas intenções comunicativas.

Defendemos, assim como Corrêa, que a escrita está imbricada com a oralidade. Inserir no texto escrito marcas dos contextos eminentemente orais de interação é um modo de evidenciar as relações entre as diferentes vivências dos indivíduos em situações complexas de interação.

Nas situações em que são produzidas entrevistas, esses fenômenos são reincidentemente observados. Ao realizar uma entrevista televisiva, tanto o entrevistador quanto o entrevistado, via de regra, apoiam-se em textos escritos para a produção oral, deixando evidentemente marcas dos modos de produção escrita no texto oral. Nas entrevistas publicadas em revistas e jornais, por outro lado, ocorre o inverso. As entrevistas são orais, mas ao serem transcritas ocorre um processo de retextualização em que muitas marcas de oralidade são retiradas, por decisão dos redatores ou pela impossibilidade de registrar no papel todos os fenômenos orais. No entanto, algumas marcas da oralidade são mantidas para garantir algum grau de fidelidade à situação que originou o texto escrito. Consideramos que tratar desses processos com crianças, jovens e adultos, analisando entrevistas orais e entrevistas escritas, realizando atividades em que os estudantes entrevistem pessoas e depois façam o trabalho de transcrição e publicação das entrevistas por escrito, pode ser bastante valioso para a aprendizagem dos estudantes.

A tarefa de transformar uma entrevista oral em entrevista escrita é um trabalho sem dúvida complexo. É preciso decidir quais aspectos da oralidade serão mantidos e quais serão alterados. Por exemplo, podemos optar por utilizar convenções gramaticais formais de marcação da concordância em trechos em que o entrevistado não pronunciou determinada flexão verbal. Tal decisão pode ser tomada por concebermos que tal modo de falar é típico do grupo social ao qual o entrevistado pertence e que os textos escritos, em geral, não reproduzem essas nuanças de outros entrevistados, de outros grupos sociais. Além disso, podemos perceber que tal marcação não acrescentaria nada em relação aos efeitos de sentido a serem resgatados da entrevista. Por outro lado, podemos querer manter determinadas expressões ou hesitações, por marcarem momentos tensos da entrevista, ou podemos querer marcar um tom de voz mais suave, na tentativa de mostrar a sensibilidade do entrevistado para determinado tema tratado. Para tal, usaremos recursos gráficos diversos ou mesmo intercalaremos o texto do entrevistado com comentários do entrevistador. Em suma, alguns fenômenos da oralidade são mantidos e outros são apagados, como foi salientado por Níkleva (2008, p. 220):

> Exemplos marcantes disso são os recursos notacionais e de pontuação. O ponto de exclamação, a vírgula, as aspas ou as letras maiúsculas são tentativas de representar os fenômenos orais, mas não refletem a grande diversidade da oralidade: o tom irônico, as forças ilocucionárias, a elevação do tom de voz, o alongamento, a ênfase, a velocidade da fala, etc. (Tradução nossa).[1]

Esses são alguns temas que podem ser discutidos com os estudantes. Eles podem comparar textos orais e escritos e podem vivenciar situações de produção oral e escrita de diferentes gêneros. Defendemos, aqui, a importância de contemplar o trabalho com entrevistas, por ser possível, com base nesse gênero, abordar muitos dos aspectos citados até o momento, como já anunciamos ao falarmos sobre cada um dos tópicos. Para melhor defender este ponto de vista, trataremos deste gênero de um modo mais aprofundado a seguir.

Entrevista: objeto de ensino na escola?

Nos contextos cotidianos, podemos citar diferentes tipos de entrevistas. As entrevistas de emprego e as entrevistas médicas são dois tipos de situações que muitas pessoas vivenciam. Os jovens e adultos citam frequentemente o quanto se sentem ansiosos diante de uma entrevista de emprego e do quanto muitas vezes se sentem constrangidos diante de entrevistas médicas. O domínio de gêneros orais secundários

---

[1] *"Un ejemplo impactante es el de las marcas de puntuación y de tipografía. El signo de exclamación, la coma, la mayúscula o las comillas representan equivalentes aproximativos de fenómenos orales, aunque no pueden reflejar la gran diversidad de la oralidad: el tono irónico, las fuerzas ilocutorias, la subida del tono, el alargamiento, el acento de insistencia, la velocidad, etc."*

relacionados aos espaços de trabalho, além de reconhecidamente valorados, como indica Amorim (2009), são necessários à apropriação pelos discentes, com vistas ao atendimento de finalidades práticas diretamente relacionadas ao seu cotidiano.

A entrevista pode ainda ser considerada instrumento de coleta de dados, de informações. Assim, usamos entrevistas em atividades de pesquisa científica, pesquisa de opinião, pesquisa de tendências de consumo, entre outras. Esses dados são tratados (quantitativa e/ou qualitativamente) e difundidos por meio de artigos científicos, documentos oficiais, ou mesmo usados na produção de uma campanha publicitária ou educativa.

Na esfera acadêmica, as entrevistas são utilizadas, sobretudo, para fundamentar estudos e subsidiar discussões teóricas. As escolhas dos tipos de entrevistas se orientam pelo tipo de dados que se deseja coletar.

Nas pesquisas de opinião, as entrevistas, muitas vezes, requerem respostas diretas, que são classificadas em categorias simples para compor bancos de dados, como ocorre com as entrevistas do Instituto Brasileiro de Geografia e Estatística (IBGE), por exemplo.

Nas pesquisas de tendências de consumo, os profissionais de *marketing* desenvolvem entrevistas para entender as preferências de consumo de um determinado produto e para construir apelos de campanhas publicitárias.

Além das coletas de dados que são agrupadas em estudos científicos ou de outras naturezas, também podemos encontrar entrevistas para coleta de dados na esfera jornalística. Nessa esfera, a entrevista passa a ter destaque como um dos principais tipos de fonte para produção de "matérias", subsidiando a produção de outros gêneros textuais, como reportagens, notícias, entre outros, quando se requer uma apresentação na modalidade escrita.

Ainda na esfera jornalística, são publicadas entrevistas produzidas por meio da transcrição de entrevistas orais. Os jornalistas realizam a entrevista por telefone ou ao vivo, gravando-a ou filmando-a, e depois produzem o texto escrito, tentando fazer parecer que há grande nível de fidelidade ao que foi produzido oralmente.

Ainda é possível realizar a socialização da entrevista jornalística em seu contexto original de produção, por meio do auxílio da videogravação, ou, em certos casos, da audiogravação, recursos utilizados pela mídia televisiva e radiofônica. Esses recursos permitem a identificação de pausas, hesitações e demais reações do entrevistado. Lage (2006, p. 74) atenta para o fato de que existe uma diversidade de tipos de entrevistas jornalísticas, refletindo as diferentes finalidades do gênero nessa esfera social. Nesse caso, os profissionais da área veem-se diante da necessidade de entender as nuanças desses tipos de situação para melhor produzirem esse gênero. Interessa-nos, particularmente, ao alertarmos que existem diferentes tipos de entrevistas, defender que existem diferentes possibilidades de situações didáticas de ensino desse gênero na escola.

Assim, os diferentes tipos de entrevistas podem ser tomados como referência para o desenvolvimento de uma variedade de propostas didáticas para o ensino da entrevista na esfera escolar, havendo, no entanto, necessidade de adequação aos objetivos escolares.

Refletir acerca de quem serão os entrevistados, qual será o local a serem realizadas as entrevistas, quais serão as perguntas a serem feitas, bem como a forma de coleta e registro de dados e, necessariamente, sua socialização, são etapas que precisam de planejamento dos docentes com os alunos, ou seja, do contexto de produção da entrevista. Além disso, é necessário refletir acerca de outros elementos que se tornam determinantes na atuação *face a face*. A polidez manifestada no uso de expressões linguísticas, a entonação da voz, a postura corporal e o momento de intervenções para levar o entrevistado a ampliar sua resposta ou a centrar-se na pergunta são aspectos que se tornam relevantes para reflexão pelos aprendizes do gênero. A diversidade de relações entre oralidade e escrita no trato com as entrevistas também é um ponto a ser ressaltado no trabalho didático, tal como já defendemos anteriormente. Enfim, a entrevista é um gênero que possibilita o ensino de muitas habilidades e conhecimentos que são necessários à participação em diferentes contextos. Por isso, defendemos que seja valorizada no cotidiano escolar.

Alguns materiais didáticos, tais como os livros didáticos, já se têm preocupado com o ensino desse gênero, sobretudo para contribuição dos conteúdos específicos das áreas de ensino. No caso das entrevistas, um exemplo que se torna interessante é o dos livros didáticos de

História para os anos iniciais. Passemos a expor, a seguir, alguns dados referentes a duas coleções: Projeto Pitanguá, da editora Moderna, de autoria de Maria Raquel Apolinário, Vitória Rodrigues e Silva, Letícia Fagundes de Oliveira, Maria Aparecida Jacomini e Sônia Cunha de Souza (coleção A); e História, da série Brasil, editora Ática, de autoria de Maria Aparecida Lima Dias (coleção B), cada coleção com quatro volumes.

Ocorrências de entrevistas em livros didáticos de História

Em uma pesquisa realizada com duas coleções de livros didáticos de História (SEAL, 2008) acerca dos gêneros da modalidade oral, foi observado que um dos gêneros secundários mais solicitados foi a entrevista. Nos PCN (BRASIL, 2001, p. 49) dessa disciplina, particularmente no que se refere aos conteúdos do primeiro ciclo e aos conteúdos comuns às temáticas históricas, destaca-se: "Busca de informações em diferentes tipos de fontes (entrevistas, pesquisa bibliográfica, imagens, etc.)". Podemos refletir, então, sobre como tal gênero foi abordado nas duas obras.

Testemunhos e temáticas para aprendizagem da História Escolar na coleção A

Na coleção A, as propostas de produção de gêneros orais secundários somaram 51 atividades (15,04%), de um total de 339 propostas de atividades que contemplavam a modalidade oral. Havia 16 propostas de trabalho com entrevistas (4,71%). Em algumas dessas, situavam-se perguntas previamente estabelecidas, que seriam feitas ao entrevistado, como ocorre no caso a seguir.

> Vamos entrevistar uma pessoa que mora há bastante tempo na cidade onde moramos? Vamos descobrir o que ela sabe sobre a cidade.
>
> Pergunte a ela:
>
> — As lembranças mais antigas que ela tem da cidade;
>
> — O que mudou desde aquele momento;
>
> — Entre essas mudanças, quais foram planejadas;

– E que mudanças ocorreram sem planejamento;

– Por fim, peça a ela que descreva a sua cidade.

Escreva um texto comparando os professores que seus familiares tiveram com os seus professores.

(Coleção A, v. 2, p. 38)

Sem dúvida, é muito importante termos nas obras de História esse tipo de atividade. No entanto, pudemos verificar que não há orientação, nesta nem nas outras propostas do livro, sobre como construir roteiros de entrevistas, como agir no momento da aplicação, como tratar os dados coletados. Desse modo, a entrevista é tomada como estratégia de coleta de informações sobre temas diversos, o que é bastante positivo, mas não há, na obra, uma preocupação em aperfeiçoar esse modo de coleta e análise de dados sociais. Duas hipóteses podem ser lançadas sobre esse modo de tratar a entrevista: por um lado, pode-se achar que é um gênero fácil e que os alunos já sabem lidar com ele; por outro lado, pode-se considerar que a aprendizagem se dá de forma assistemática, garantida apenas pelo uso do gênero, não sendo necessário refletir sobre ele, planejar seus usos, avaliar suas estratégias.

Por outro lado, há outra aprendizagem importante para lidar com entrevistas, discussões, debates, que também não recebeu atenção na obra: a aprendizagem da rotina de polidez. Quanto a isso, Melo e Barbosa (2005, p. 154) ressaltam a importância do uso dos diferentes recursos para manter a polidez na preparação para a aplicação de entrevistas:

> Como forma de cuidarmos de nossas faces e das faces dos nossos interlocutores, recorremos, nas conversações face a face, às rotinas de polidez lingüística cuja função é apoiar as nossas relações interpessoais. O uso dessas rotinas é importante porque promove maior envolvimento interpessoal e uma maior proximidade entre os participantes da conversação face a face.

Tal polidez garante maiores condições de resgate de informações dos entrevistados. Por outro lado, estimula os alunos a pensar sobre questões relativas ao respeito entre as pessoas e aos modos como demonstrar tal atitude.

Podemos ressaltar também que, como no exemplo dado, muitas atividades incluíam momentos de socialização dos resultados obtidos. Esse é um espaço rico, em que os estudantes podem aprender a expor informações para um público, organizando o que aprenderam, refletindo sobre os conteúdos explicitados pelos entrevistados. Assim, é válida essa preocupação encontrada na coleção A. No entanto, não há orientações para que os alunos planejem e avaliem esse momento de socialização. Apesar dessas ressalvas, destacamos as contribuições desses tipos de atividades para a aprendizagem de diferentes temáticas referentes ao conteúdo do componente curricular História (história de vida, história da escola, brincadeiras de outras épocas, história das cidades, processo de migração, cultura brasileira nos anos 1950 e 1960). Sobretudo nos volumes 3 e 4, foi possível identificar solicitações interessantes nessa direção, como pode ser visto no exemplo que se segue.

> Os últimos 35 anos na memória da minha família
>
> O que você vai fazer: entreviste dois adultos da sua família (acima de 35 anos) ou outras pessoas, na mesma faixa de idade, que você conheça. Pergunte:
>
> (a) O que eles se lembram do período da ditadura militar.
>
> (b) O que eles sabem do movimento das Diretas Já e do Impeachment.
>
> (c) O que eles conhecem da atual Constituição do Brasil.
>
> – Compare o resultado da entrevista com o que você estudou nas unidades 8 e 9.
>
> – Redija um texto sobre as diferenças e semelhanças que você identificou.
>
> (Coleção A, v. 4, p. 159)

Há, na maioria das solicitações, a necessidade de requisitar alguma forma de registro escrito após a realização das entrevistas. Sendo assim, pode-se compreender que o material didático tenta aproximar a finalidade de uso da entrevista na sociedade com a proposta a ser realizada na escola, requerendo um tratamento analítico para a sua posterior socialização, bem como delimitando os possíveis entrevistados, embora não contemple aspectos relevantes, como a preparação para a atuação e o planejamento da entrevista. Passemos agora a analisar as ocorrências da coleção B, voltada ao ensino do mesmo componente curricular: História.

Situações reais na produção das entrevistas: ocorrências na coleção B

A coleção B inseriu seções especiais para as entrevistas ao longo dos quatro volumes. No Manual do Professor foram encontradas informações que apontam os possíveis espaços destinados ao trabalho com entrevistas:

> Entrevista
>
> O principal objetivo dessa seção é ensinar as crianças a fazer entrevistas. Parte do pressuposto de que se trata de um conteúdo procedimental que requer certo tempo para ser desenvolvido e que, portanto, deve ser orientado pelo professor.
>
> A seção foi estruturada de maneira a fornecer dicas sobre o como fazer e propõe que a criança treine, ensaie, seja avaliada pelos colegas e assim aprenda gradualmente.
>
> (Coleção B, manual do professor, p. 15)

Para a entrevista, explicitou-se a necessidade do treino, do ensaio e da avaliação dos colegas como instrumentos que possibilitariam sua aprendizagem. A entrevista é tida, assim, como um gênero importante e que deve ser ensinado de forma sistemática.

Em nossas análises, encontramos um total de 161 ocorrências do conjunto das propostas de atividades da modalidade oral. Oito dessas (4,96%) eram solicitações de entrevistas. As propostas de entrevistas receberam destaque especial na coleção, como anunciado no Manual do Professor.

Na coleção em análise, os comandos das atividades são claros, bem elaborados, delimitados e apresentam abordagens interessantes sobre a produção e as finalidades desse gênero. Selecionamos a primeira e a última ocorrência da coleção para exemplificação.

> • Com a ajuda da professora, organizem-se em trios. Cada trio vai entrevistar os funcionários da secretaria, da limpeza e

os professores de outras turmas. Escolham, no mínimo, três pessoas para entrevistar.

- Copiem o questionário abaixo em folhas avulsas. Usem uma folha para cada pessoa entrevistada. Durante a entrevista, façam as perguntas de maneira clara, pronunciando as palavras corretamente, para que o entrevistado as entenda bem. Prestem bastante atenção nas respostas e anotem tudo com calma. Ao final da entrevista, agradeçam ao entrevistado a atenção.

Roteiro da entrevista:

Qual é o seu nome?

Qual é a sua profissão?

O que você faz aqui na escola?

Por que você escolheu essa profissão?

Você gostaria de trabalhar em outra atividade?

Que instrumentos e ferramentas você usa no seu trabalho?

Agora você e seus colegas vão contar à turma o que registraram. Leiam as respostas anotadas ou falem o que se lembram.

- A professora vai escrever na lousa uma lista das profissões citadas nas entrevistas. Copie essas profissões no espaço abaixo. Dica: se você se lembrar de mais algum profissional que trabalha na escola, mas que não apareceu em nenhuma entrevista, conte à turma. E não se esqueça de acrescentá-lo à sua lista!

- Ditem à professora o nome dos instrumentos e das ferramentas usadas pelas pessoas entrevistadas.

Agora seu grupo vai escrever um texto explicando por que as pessoas trabalham.

(Coleção B, v. 1, p. 56-58)

Nesse primeiro caso, algumas decisões importantes para a produção desse gênero foram inseridas logo no primeiro tópico, como quem seria entrevistado e quantas pessoas seria preciso entrevistar. No segundo item, as orientações são em termos de procedimentos e ações: uso das folhas, registro, oralização das perguntas, atenção às respostas. Posteriormente, disponibiliza-se o roteiro de entrevista e, por fim, há um breve tratamento dos dados. A atividade, no entanto, apesar de dar boas orientações para a realização da entrevista, não solicita a escrita de um texto que, de fato, tenha relação direta com a situação de entrevista ou que tenha destinatários e finalidades mais claros. Não se busca, por meio das perguntas, entender os motivos pelos quais as pessoas trabalham, embora o texto trate especificamente desse tema.

Assim como ocorreu com a coleção A, não houve, nessa tarefa, um trabalho de planejamento da atividade e as questões já estavam formuladas; porém, há maior cuidado nas orientações para a aplicação das entrevistas e nos processos de registro dos resultados. Vejamos, então, o caso seguinte.

Com a orientação da professora, seu grupo vai investigar que funções os negros ocupam na escola onde você estuda.

1. Dê uma volta pela escola e vá anotando o que você vê. Pergunte o nome de cada pessoa e a função que exerce.

2. Registre também quantas pessoas brancas trabalham na escola.

3. Em seguida, entreviste os negros, fazendo-lhes as seguintes perguntas, entre outras que você achar interessantes:

Roteiro de entrevista:

1. Onde você nasceu?

2. Até que série você estudou?

3. Por que você escolheu esse emprego?

4. Na classe, observe os colegas da sua turma e registre quantos deles são negros.

5. Por último, em uma tabela, a professora vai organizar as informações coletadas por toda a classe.

A tabela deverá ter as entradas conforme o modelo a seguir:

DADOS NOME	Cargo que ocupa na escola	Onde nasceu	Até que série estudou	Por que escolheu esse emprego	Número de pessoas negras na escola	Número de pessoas brancas na escola	Quantos colegas negros existem na sua turma
XXXXX	XXXXX	XXXXX	XXXXX	XXXXX	XXXXX	XXXXX	XXXXX
XXXXX	XXXXX	XXXXX	XXXXX	XXXXX	XXXXX	XXXXX	XXXXX

Ao final, sob a orientação da professora, discuta com os colegas as informações da tabela, respondendo:

1. Existe muita diferença entre o número de brancos e o de negros que trabalham na escola?
2. Existem diferenças entre as funções exercidas por negros e por pessoas de outra ascendência?
3. Se existem muitas diferenças, de que tipo são?
4. O que você acha do resultado da pesquisa?

O comando explicita, logo no início, qual é a temática que norteará a aplicação da entrevista. A seleção dos entrevistados é realizada por meio de uma prévia e breve observação empírica. Novamente, o livro disponibiliza um roteiro de entrevistas e por fim orienta o tratamento dos dados. Contudo, essa etapa final apresenta um nível de detalhamento maior. É solicitado o tratamento dos dados em uma tabela, da mesma forma que a sequência de perguntas direciona as análises dos resultados pelos estudantes.

Pondo em comparação as duas ocorrências, salientamos que não foi possível identificar uma ampliação do grau de dificuldade ou de aspectos abordados. As atividades procuraram apresentar um mesmo roteiro. Contudo, na primeira houve um maior detalhamento sobre como agir no momento da aplicação, enquanto na segunda as análises dos resultados receberam maior atenção nas orientações.

Consideramos que o ensino da linguagem envolve as várias áreas e espaços de conhecimento. Dessa forma, validamos essas propostas como formas interessantes de propiciar a aprendizagem dos diferentes usos e funções da linguagem na modalidade oral. No entanto, ressaltamos que não foram contempladas dimensões importantes do trabalho com o gênero, tais como as que citaremos nas conclusões deste artigo, a seguir.

Considerações finais

Neste capítulo, objetivamos refletir sobre o trabalho com entrevista na escola. Inicialmente, buscamos evidenciar a importância da valorização do ensino da oralidade e da necessidade de entendermos as variadas formas de relação entre oralidade e escrita. Em diversos momentos, ressaltamos o quanto o trabalho com entrevistas poderia ajudar os estudantes a entender aspectos importantes dessas relações. Mostramos também que são muito variados os tipos de entrevista e que cada um pode suscitar aprendizagens distintas. Depois, destacamos que esse gênero já tem estado presente em alguns recursos didáticos e ilustramos tal constatação por meio dos resultados de uma pesquisa com foco em livros de História.

Consideramos que é necessário, ao inserir os estudantes em situações de interação mais complexas, como as que envolvem entrevistas, promover situações de análise das esferas em que os gêneros circulam, suas finalidades, as interações que se estabelecem por meio dos gêneros, além de possibilitar o desenvolvimento de habilidades de participação nessas esferas: produção e compreensão de textos.

No caso dos livros de História investigados, não foram contempladas atividades de reflexão sobre os contextos de uso de entrevistas. Apenas um tipo de entrevista foi contemplado e poucas oportunidades de planejamento foram identificadas. As relações entre oralidade e escrita, que discutimos no início do capítulo, também não foram foco de atenção.

Desse modo, consideramos que é preciso investir no trabalho com o gênero *entrevista*, qualificando as proposições didáticas e diversificando mais os tipos de situações vivenciadas.

Referências

ABAURRE, Maria Bernadete; MAYRINK-SABINSON, Maria Laura T.; FIAD, Raquel S. Considerações sobre a diferenciação de gêneros discursivos na escrita infantil. In: ROCHA, Gladys; VAL, Maria da Graça C. *Reflexões sobre práticas escolares de produção de textos*: o sujeito-autor. Belo Horizonte: Autêntica, 2003.

AMORIM, Leila B. *"Será que quero somente aprender a ler e escrever?"*: quais são as expectativas dos alunos da EJA para o ensino de Língua Portuguesa e o que diz a Proposta Curricular da Rede Municipal do Recife? Monografia (Especialização) – Curso de Especialização Globalização, Multiculturalidade e Educação de Jovens e Adultos, Universidade Federal de Pernambuco, Recife, 2009.

BRASIL. Ministério da Educação. *Parâmetros Curriculares Nacionais História*. Brasília: Ministério da Educação, 2001.

CHAMARELLI FILHO, Milton. O oral e/ou culto no livro didático. *Revista Voz das Letras*, n. 7, 2007.

CORRÊA, Manoel Luiz Gonçalves. Letramento e heterogeneidade da escrita no ensino de Português. In: SIGNORINI, Inês (Org.). *Investigando a relação oral/escrito e as teorias do letramento*. Campinas: Mercado de Letras, 2001.

LEAL, Telma F.; BRANDÃO, Ana Carolina P.; NASCIMENTO, Bharbara E. S. Basta conversar? A prática de ensino da oralidade no segundo ciclo In: HEINIG, Otília Lizete; FRONZA, Cátia de Azevedo. *Diálogos entre linguística e educação*: a linguagem em foco. Blumenau: Edifurb, 2010. p. 91-114.

LAGE, Nilson. *A reportagem*: teoria e técnica de entrevista e pesquisa jornalística. Rio de Janeiro: Record, 2006.

MELO, Cristina T. V.; BARBOSA, Maria L. F. de F. As relações interpessoais na produção do texto oral e escrito. In: MARCUSCHI, Luiz Antonio; DIONÍSIO, Angela Paiva. *Fala e escrita*. Belo Horizonte: Autêntica, 2005.

NÍKLEVA, Dimitrinka Georgieva. La oposición oral/escrito: consideraciones terminológicas, históricas y pedagógicas. *Didáctica (Lengua y literatura)*, n. 20, p. 211-228, 2008.

ROJO, Roxane. Letramento escolar, oralidade e escrita na sala de aula. Diferentes modalidades ou gêneros do discurso? In: SIGNORINI, Inês (Org.). *Investigando a relação oral/escrito e as teorias do letramento*. Campinas: Mercado de Letras, 2001.

SCHNEUWLY, Bernard. *Le language écrit chez l'enfant*: la production des textes informatifs et argumentatifs. Neuchâtel: Delachauxet Niestlé, 1988.

SEAL, Ana Gabriela de S. *Ensino da argumentação em livros didáticos de História*. Dissertação (Mestrado em Educação) – Programa de Pós Graduação em Educação, Universidade Federal de Pernambuco, Recife, 2008.

SIGNORINI, Inês. Apresentação. In: SIGNORINI, Inês (Org.). *Investigando a relação oral/escrito e as teorias do letramento*. Campinas: Mercado de Letras, 2001.

SOUZA, Janine Fontes de; MOTA, Kátia Maria Santos. *O silêncio é de ouro e a palavra é de prata? Considerações acerca do espaço da oralidade em educação de jovens e adultos*. 2007. Disponível em: <http://www.scielo.br/pdf/rbedu/v12n36/a09v1236.pdf>. Acesso em: 23/01/2012.

VAL, Maria Graça C.; BARROS, Lúcia Fernanda P. Receitas e regras de jogo: a construção de textos injuntivos por crianças em fase de alfabetização. In: ROCHA, Gladys; VAL, Maria da Graça C. *Reflexões sobre práticas escolares de produção de textos*: o sujeito-autor. Belo Horizonte: Autêntica, 2003.

Obras analisadas

APOLINÁRIO, Maria Raquel *et al. História: Coleção Projeto Pitanguá*. São Paulo: Moderna, 2005.

DIAS, Maria. A. L. *História – Série Brasil*. São Paulo: Ática, 2005.

Capítulo 5

Esclarecendo o trabalho com a oralidade: uma proposta didática

Cristina Teixeira Vieira de Melo

Beth Marcuschi

Marianne Bezerra Cavalcante

No início, as inquietações

Em seu artigo "O oral como texto: como construir um objeto de ensino", Dolz e Schneuwly (2004, p. 151) reproduzem perguntas que são comuns a vários docentes de Língua Portuguesa quando o tema é o ensino da oralidade: "Como tornar o oral ensinável? Que oral tomar como referência para o ensino? Como torná-lo acessível aos alunos? Que dimensões escolher para facilitar a aprendizagem?". A fim de responder a essas perguntas, os autores esclarecem, logo de saída, que não existe *o oral*, mas gêneros orais diversos. Mais precisamente, indicam que

> [...] não existe uma essência mítica do oral que permitiria fundar sua didática, mas práticas de linguagem muito diferenciadas, que se dão, prioritariamente, pelo uso da palavra (falada), mas também por meio da escrita, e são essas práticas que podem se tornar objetos de um trabalho escolar. Essas práticas tomam, necessariamente, as formas mais ou menos estáveis que denominamos gêneros (DOLZ; SCHNEUWLY, 2004, p. 135).

Contudo, se a adoção do enfoque centrado nos gêneros textuais soluciona o problema de como abordar o ensino do oral, por outro lado, a própria natureza do oral como realidade multiforme levanta outras numerosas questões importantes:

> Que gêneros trabalhar e por quê? Como trabalhá-los? Espontaneamente? Em situações funcionais? Sistematicamente? Segundo uma abordagem intervencionista? Que relação instaurar com a escrita? Como definir a relação fala e escuta? (DOLZ; SCHNEUWLY, 2004, p. 135-136).

Em virtude da diversidade de gêneros orais, Dolz e Schneuwly afirmam ser mais propício trabalhar em sala de aula com gêneros orais públicos, dividindo-os em dois grupos: aqueles que servem à aprendizagem (*exposição, relato de experiência, entrevista, discussão em grupo, seminário,* etc.) e os tradicionais da vida pública (*debate, entrevista, negociação, testemunho diante de uma instância oficial,* etc.). Os autores argumentam que tais gêneros devem ser bem compreendidos e dominados em função do papel fundamental que têm na vida escolar e cidadã dos estudantes e entendem que

> os gêneros formais públicos constituem *objetos autônomos* para o ensino do oral. [...] Eles são *autônomos* no sentido de que o oral (os gêneros orais) é abordado como objeto de ensino e aprendizagem em si. Não constituem um percurso de passagem para a aprendizagem de outros comportamentos linguísticos (a escrita ou a produção escrita) ou não-linguísticos (em relação somente com outros saberes disciplinares). Também não estão subordinados a outros objetos de ensino-aprendizagem (DOLZ; SCHNEUWLY, 2004, p. 176-177 – grifos dos autores).

Definidos os gêneros com os quais trabalhar, a próxima questão que inquieta os professores envolve o *como* trabalhá-los. Dolz e Schneuwly (p. 97) propõem que se trabalhe com sequências didáticas, compreendidas como um "conjunto de atividades escolares organizadas, de maneira sistemática, em torno de um gênero textual oral ou escrito".[1] Planejadas de acordo com os objetivos que o professor

---

[1] Outra vantagem das sequências didáticas é a possibilidade de se trabalharem conjuntamente leitura, escrita, oralidade e aspectos de natureza linguística, extralinguística e paralinguística dos gêneros, o que faz mais sentido para quem aprende.

quer alcançar, as sequências didáticas envolvem atividades de aprendizagem e de avaliação, encaixando-se perfeitamente na perspectiva de avaliação como um processo formativo, na qual cabe ao professor confrontar dados e informações, tomar decisões no campo da didática, dinamizando novas situações de aprendizagem. Segundo os autores,

> as sequências didáticas instauram uma primeira relação entre um *projeto de apropriação* de uma prática de linguagem e os *instrumentos* que facilitam essa apropriação. [...] Desse ponto de vista, elas buscam confrontar os alunos com práticas de linguagem historicamente construídas, os gêneros textuais, para lhes dar a possibilidade de reconstruí-las e delas se apropriarem. Essa reconstrução realiza-se graças à interação de três fatores: as especificidades das práticas de linguagem, as capacidades de linguagem dos aprendizes e as estratégias de ensino propostas pela sequência didática (DOLZ; SCHNEUWLY, 2004, p. 97 – grifos dos autores).

Para organizar o trabalho com um gênero textual em sala de aula com base na perspectiva das sequências didáticas, é preciso que o professor: 1) domine os aspectos formais e funcionais do gênero que quer ensinar; 2) levante os conhecimentos prévios dos alunos sobre esse gênero (a fim de que a sequência didática seja organizada de tal maneira que não fique nem muito fácil, nem muito difícil); 3) explore e amplie o repertório sobre o gênero em estudo por meio de leituras e análise de diversos exemplares do referido gênero; 4) organize e sistematize o conhecimento sobre o gênero no que diz respeito ao seu contexto de produção e circulação, seus elementos composicionais próprios e suas características da linguagem; 5) proponha uma produção coletiva e/ou individual do gênero; 6) execute a revisão do texto e propicie sua reescrita.

O que levar em conta no oral

Após esta introdução sobre o trabalho com gêneros e sequências didáticas, e antes de apresentarmos a proposta de ensino com o gênero *entrevista*, é importante acentuarmos que uma perspectiva frutífera de trabalho com o oral é focalizar as estratégias organizacionais de interação próprias de cada gênero textual.

Do ponto de vista da avaliação, o aluno competente é aquele que, ao analisar um gênero oral, consegue perceber como aspectos de natureza extralinguística, paralinguística e linguística atuam conjuntamente na construção das significações.[2] Vejamos, sucintamente, quais elementos constituem cada um desses conjuntos.

Pensar nos aspectos *extralinguísticos* significa considerar, por exemplo, o número de participantes envolvidos na interação, o grau de conhecimento e de intimidade que partilham entre si, o nível de planejamento da comunicação (preparada previamente ou não), a temática abordada pelos interlocutores. Todos esses aspectos influenciam diretamente na organização e no desenrolar do gênero. Já a prosódia, o ritmo, a entonação, a intensidade, o tom e o volume da voz são elementos de natureza *paralinguística*, que influenciam fortemente a construção de sentido.

Atrelados aos aspectos paralinguísticos, devem-se considerar também os aspectos *cinésicos*, ou seja, a relação intrínseca entre palavra e corpo. Como bem colocam Dolz e Schneuwly (2004), no geral, a postura corporal se coloca a serviço da comunicação oral. As mímicas faciais, as posturas, os olhares, a gestualidade do corpo dão suporte à comunicação verbal, chegando mesmo, em alguns casos, a substituí-la.

Vale lembrar que elementos corporais e prosódicos também podem *trair o falante*, deixando transparecer algo que ele tenta esconder/ minimizar. Por exemplo, o corpo pode denunciar um comportamento emocional involuntário do falante (aceleração do ritmo cardíaco, tensão muscular, rosto enrubecido, tom agudo da voz). Sobre tal fato, Dolz e Schneuwly (2004, p. 159-161) lembram "o quanto pode ser constrangedor um ator que desempenha 'mal' seu papel, dissociando os parâmetros, em princípio congruentes, da melodia, da acentuação e da gestualidade".

Cabe registrar que os elementos de natureza corporal relacionam-se a signos de sistemas semióticos não linguísticos. Múltiplas semioses sempre coexistiram na construção dos textos, mas assumi-las como objeto de estudo é algo muito novo na escola. A Teoria da Multimodalidade busca

---

[2] É bom lembrar que os aspectos extra e paralinguísticos interferem diretamente no funcionamento daquilo que é de natureza estritamente linguística (verbal).

justamente dar conta da complexidade semiótica dos textos. Segundo Kress e Van Leeuwen (2001), o texto multimodal é aquele cujo significado se realiza por mais de um código semiótico (signos linguísticos, signos sonoros, signos imagéticos). A conversa espontânea, o seminário, o júri simulado, a exposição oral, a entrevista, portanto, são todos textos multimodais, já que se constituem a partir de elementos verbais (linguísticos e paralinguísticos) e não verbais (corporais).

Com relação aos aspectos *linguísticos*, o trabalho com gêneros orais deve ainda levar em consideração a presença dos seguintes elementos: marcadores conversacionais (bom; bem; olha; então; sim, mas... entende?, percebe?, viu? visse?), repetições e paráfrases,[3] correções, interjeições, digressões,[4] frases feitas, lugares-comuns, idiomatismos[5] e provérbios, atos de fala[6] e estratégias de polidez.

Ao trazer para o espaço escolar o conjunto de elementos até aqui apontados (de natureza linguística, paralinguística e extralinguística), é importante não só descrever sua presença e/ou ausência no oral, mas refletir sobre por que ele ocorre ou não no discurso. Dessa forma, será possível elaborar uma associação entre os fenômenos que se manifestam na superfície textual e as motivações sociais, culturais, situacionais, cognitivas subjacentes às práticas sociais do discurso oral.

A *entrevista jornalística* e seu funcionamento discursivo

A entrevista corresponde à técnica de obter informações por meio de perguntas e respostas. Neste sentido, Hoffnagel (2003, p. 180) afirma que o gênero *entrevista* é "uma constelação de eventos possíveis que se realizam como gêneros (ou subgêneros) diversos. Assim, teríamos, por exemplo, entrevista jornalística, entrevista médica,

---

[3] Paráfrase é a reprodução explicativa de um texto ou de unidade de um texto.

[4] Desvio de assunto.

[5] Expressões idiomáticas ou idiomatismos são expressões cujo significado não pode ser obtido através da soma do sentido literal das palavras individuais que compõem a expressão.

[6] A ideia de "atos de fala" relaciona a língua à ação. Atos de fala positivos: elogiar, agradecer, aceitar, etc. Atos de fala negativos: discordar, recusar, ofender, xingar.

entrevista científica, entrevista de emprego etc." Ainda segundo a autora, o macrogênero entrevista possui elementos comuns a todos os subgêneros: a) sua estrutura sempre se caracteriza por perguntas e respostas, envolvendo pelo menos dois indivíduos – o entrevistador e o entrevistado; b) o papel desempenhado pelo entrevistador caracteriza-se por abrir e fechar a entrevista, fazer perguntas, suscitar a palavra ao outro, incitar a transmissão de informações, introduzir novos assuntos, orientar e reorientar a interação; c) o entrevistado responde e fornece as informações pedidas. Já as características que diferenciam um subgênero do outro estão relacionadas com o objetivo, a natureza, o público-alvo, a apresentação, o fechamento, a abertura, o tom de formalidade, entre outras.

No presente capítulo, exploramos a *entrevista jornalística*, um dos principais dispositivos do jornalismo e um dos gêneros mais trabalhados na escola. Cabe enfatizar que não é possível fazer jornalismo sem entrevista, pois o jornalista está sempre reportando a fala de um outro para o público. Como se sabe, uma das premissas do jornalismo é justamente ouvir os vários lados de uma mesma história e depois recontá-la.

Gênero primordialmente oral, a entrevista pode ser transcrita para ser publicada em revistas, jornais e *sites* da Internet (HOFFNAGEL, 2003, p. 181). As entrevistas podem ter por assunto principal tanto a vida do próprio entrevistado quanto um campo de informação de seu domínio. No primeiro caso, entrevista-se uma personalidade para mostrar como ela vive, o que pensa; no segundo caso, geralmente o entrevistado ocupa a posição de uma figura de autoridade a quem cabe dar informações sobre determinado tema. Nos meios audiovisuais, a entrevista pode ser veiculada no seu formato tradicional, como uma sequência de perguntas e respostas entre entrevistador(es) e entrevistado(s), caracterizando um programa de entrevistas, ou fazer parte de um outro gênero, como a reportagem ou o documentário.[7]

---

[7] A reportagem é um gênero jornalístico – escrito, oral ou audiovisual – que tem por base o testemunho direto de fatos e situações atuais. Cabe ao repórter relatar tais fatos. O documentário, por sua vez, é um gênero que estabelece asserções ou proposições sobre o mundo histórico, ou seja, ao contrário da ficção, tem compromisso com a representação do real.

Na maior parte das vezes, quando a entrevista com um popular ou mesmo com uma autoridade é parte constituinte de uma reportagem, ela serve apenas para confirmar uma tese sustentada pela reportagem/ emissora. Ou seja, as opiniões ou informações fornecidas pelas pessoas entrevistadas funcionam quase como mera ilustração daquilo que é dito pelo repórter. Nesse contexto, podemos dizer que suas falas são despotencializadas e a *entrevista* é incapaz de relevar qualquer singularidade a seu respeito. Nesse caso, os sujeitos-entrevistados são frequentemente reduzidos a meras categorias sociais: o pobre, o burguês, o louco, o cientista, etc. É fácil ver como isso acontece assistindo aos telejornais diários. Observe-se, por exemplo, que em uma reportagem sobre a alta de preços, as entrevistas com os transeuntes estão ali inseridas apenas para confirmar o que a *notícia* já adiantou: o aumento no valor da mercadoria e, provavelmente, a queixa da população. Justamente por serem entrevistadas não em sua singularidade, mas pela categoria que representam dentro do contexto da reportagem, as falas das pessoas nas *entrevistas* tendem a reproduzir as mesmas informações.

Já no gênero *documentário*, que costuma ter um tempo de produção maior, é mais fácil se delegar ao próprio sujeito entrevistado a responsabilidade de sua *mise-en-scène*. Quando isso acontece, a entrevista ganha densidade e a pessoa é capaz de se mostrar em toda a sua singularidade, ambiguidade e contradição.[8]

Também cabe falarmos aqui da diferença entre entrevista e *talk show*: a primeira se correlaciona ao campo do jornalismo e a segunda, ao do entretenimento. Segundo Aronchi (2004), no *talk show* prevalece um clima de descontração e intimidade entre entrevistador e entrevistado, havendo uma espetacularização da

---

[8] Bons exemplos desse tipo de entrevista são os documentários dirigidos por Eduardo Coutinho. Importante documentarista brasileiro, Coutinho é muito conhecido pelo estilo de documentários que produz, em especial pela presença do dispositivo *entrevista*. Entre suas realizações estão: *Seis dias de Ouricuri*, 1976; *Teodorico, o Imperador do Sertão*,1978; *Cabra marcado para morrer*, 1964/1984; *Santa Marta: duas semanas no morro*, 1987; *O fio da memória*, 1988/1991; *Boca de lixo*, 1992; *Santo Forte*, 1999; *Babilônia 2000*, 2000; *Edifício Master*, 2002; *Peões*, 2004; *O fim e o princípio*, 2005; *Jogo de cena*, 2007; *Moscou*, 2009.

entrevista comandada pelo apresentador (que nem sempre é um jornalista). Segundo o referido autor, diferentemente do *talk show*, o apresentador de *entrevista* não tem o compromisso de deixar o entrevistado à vontade, podendo questioná-lo sobre fatos polêmicos e chegar até à discórdia, o que denotaria seriedade e compromisso com a verdade, atribuições dos programas jornalísticos. Os assuntos de política e atualidade são os que mais estariam presentes nas pautas das entrevistas. Aronchi aponta ainda duas diferenças relativas ao cenário e ao posicionamento do apresentador e que também ajudariam a identificar e distinguir o programa de entrevista do *talk show*, a saber:

> Uma composição cenográfica que permita ao apresentador andar pelo cenário e entrevistar os convidados de pé é utilizada pelos programas de *talk show*. Nesse caso, o apresentador percorre o cenário em busca das atrações do programa: apresentações musicais, entrevistas etc. Já os cenários dos programas do gênero entrevista permitem ao convidado e ao apresentador ficar sentados durante todo o tempo. Isso presume uma entrevista de duração mais longa do que aquelas normalmente realizadas em programas do gênero *talk show* (ARONCHI, 2004, p. 148).

As diferenças apontadas acima constituem em si mesmas um excelente exercício de percepção do funcionamento discursivo da *entrevista* em situações comunicativas distintas. O professor pode e deve exercitar esse olhar analítico com os seus alunos.

Outro aspecto que merece atenção especial na abordagem da *entrevista* é um possível trabalho de retextualização da oralidade para a escrita. Marcuschi (2001) utiliza a noção de retextualização para referenciar a passagem de uma modalidade da língua para outra, mas também para indicar os casos quando repassamos para um terceiro o que nos foi informado por alguém. Diz o autor:

> Atividades de retextualização são rotinas usuais altamente automatizadas, mas não mecânicas, que se apresentam como ações aparentemente não-problemáticas, já que lidamos com elas o tempo todo nas sucessivas reformulações dos mesmos

textos numa intricada variação de registros, gêneros textuais, níveis linguísticos e estilos. Toda vez que repetimos ou relatamos o que alguém disse, até mesmo quando produzimos as supostas citações *ipsis verbis*, estamos transformando, reformulando, recriando e modificando uma fala em outra (Marcuschi, 2001, p. 48).

Ainda de acordo com Marcuschi,

antes de qualquer atividade de transformação textual, ocorre uma atividade cognitiva denominada compreensão. Esta atividade, que em geral se ignora ou se dá por satisfeita e não problemática, pode ser a fonte de muitos problemas no plano da coerência no processo de retextualização (p. 47).

Sobre os processos de retextualização de uma modalidade da língua para outra, Marcuschi (2001, p. 48) sugere as seguintes possibilidades:

Quadro 1 – Possibilidades de retextualização[9]

---

1. Fala → Escrita (*entrevista oral → entrevista impressa*)
2. Fala → Fala (*conferência* → tradução simultânea)
3. Escrita → Fala (texto escrito → *exposição* oral)
4. Escrita → Escrita (texto escrito → *resumo* escrito)

Ainda no seu livro *Da fala para a escrita*, o autor aponta uma série de operações de natureza linguístico-textual e cognitiva da passagem do texto falado para o texto escrito durante o processo de retextualização. Reproduzimos, a seguir, uma adaptação do quadro proposto pelo autor.

---

[9] Sobre estes exemplos sugeridos por Marcuschi, vale a pena chamar a atenção para o fato de que a *entrevista oral* e a *conferência* podem estar apoiadas, em grande parte, num texto escrito.

Quadro 2 – Modelo das operações textuais-discursivas
realizadas na passagem do texto falado para o texto escrito

1ª OPERAÇÃO: Eliminação de marcas estritamente interacionais, hesitações e partes de palavras

2ª OPERAÇÃO: Introdução da pontuação com base na intuição fornecida pela entonação das falas

3ª OPERAÇÃO: Retirada de repetições, reduplicações, redundâncias, paráfrases e pronomes egoicos

4ª OPERAÇÃO: Introdução da paragrafação e pontuação detalhada sem modificação da ordem dos tópicos discursivos

5ª OPERAÇÃO: Introdução de marcas metalinguísticas para referenciação de ações e verbalização de contextos expressos por dêiticos

6ª OPERAÇÃO: Reconstrução de estruturas truncadas, concordâncias, reordenação sintática, encadeamentos

7ª OPERAÇÃO: Tratamento estilístico com seleção de novas estruturas sintáticas e novas opções lexicais

8ª OPERAÇÃO: Reordenação tópica do texto e reorganização da sequência argumentativa

9ª OPERAÇÃO: Agrupamento de argumentos condensando ideias

OPERAÇÕES ESPECIAIS: readaptação dos turnos (nos diálogos) para formas monologadas ou dialogadas

---

Fonte: MARCUSCHI, 2001, p. 75 (adaptado).

Marcuschi salienta que, em princípio, a retextualização plena do texto falado em texto escrito deveria passar por todas as operações sugeridas, mas é possível concluir a atividade em qualquer ponto do processo. Essa particularidade facilita o trabalho com a retextualização, pois, de acordo com os níveis de seus estudantes (Ensino Fundamental I – EFI, Ensino Fundamental II – EFII e Ensino Médio – EM), bem como dos próprios conteúdos curriculares de Língua Portuguesa que deseja ensinar, o professor pode parar em qualquer ponto da cadeia que considere o mais adequado para seus fins pedagógicos. Marcuschi alerta ainda que nem tudo é tão mecânico e que não se podem postular processos lineares, pois "não há critérios seguros para se dizer o que pode ficar, o que deve sair e o que deve mudar num texto falado para assegurar patamares aceitáveis da presença da oralidade na escrita" (p. 76). Além disso, a depender do gênero textual a ser produzido, há perspectivas diversas de retextualização.

Após a explanação do funcionamento da *entrevista* no interior de outros gêneros midiáticos, passamos a descrever alguns procedimentos que podem ser empregados em sala da aula na análise de uma *entrevista jornalística* canônica, entendida aqui como aquela *entrevista* que funciona *per se*, constituindo um gênero textual específico.

A entrevista na sala de aula: critérios de análise

Com relação às entrevistas realizadas na TV, um trabalho relevante a ser feito com o aluno é distinguir as várias maneiras com que os entrevistadores se dirigem aos entrevistados. É importante observar como esses protagonistas interagem, considerando características específicas, tais como: idade, posição social, sexo, profissão, etc. É preciso identificar, entre outros aspectos, o contexto de realização do evento comunicativo, o papel que os interlocutores desempenham, a relação que eles estabelecem entre si e como isso se reflete na interação, condicionando diversos aspectos do diálogo, conforme indicado a seguir.

Quadro 3 – *Entrevista*: algumas de suas características

Aspecto a ser observado	Caracterização
Número de participantes envolvidos na situação comunicativa	A presença de um entrevistador para vários entrevistados ou de vários entrevistadores para um entrevistado vai condicionar uma maior ou menor possibilidade de mudança de falantes, o tempo da fala de cada um, etc.

Aspecto a ser observado	Caracterização
Nível de conhecimento dos participantes entre si e o grau de cooperação de cada um na conversa	A maior ou menor quantidade de conhecimento partilhado entre os interlocutores poderá resultar numa conversa mais ou menos colaborativa, com maior ou menor número de trocas de falantes.
Forma como se dá a troca de falantes	A depender da relação que se estabelece entre os interlocutores, um pode passar ou tomar a fala do outro de maneira amigável ou não, com interrupções ou sobreposição de voz, etc.
Envolvimento dos participantes um com o outro, com o assunto e com a situação	Os interlocutores podem demonstrar interesse, apatia, entusiasmo, indiferença, alegria, raiva, decepção, etc.
Maneira como o tema se desenvolve	É importante identificar não só a razão da escolha do tema da conversa, mas observar como se operam as mudanças temáticas, pois elas podem apontar para situações de conflito, discordância, concordância, de interesse pelo tema ou seu esgotamento, etc.
Grau de espontaneidade das falas	Um maior ou menor nível de planejamento das perguntas/respostas/intervenções pode indicar uma conversa mais formal ou informal, mais ou menos tensa, etc.
Nível da linguagem	O uso de uma linguagem mais ou menos formal, de termos técnicos, gírias, estrangeirismos, etc. não só dá pistas do perfil dos falantes, como pode ser usado propositadamente por um deles para deixar o parceiro da conversa à vontade ou, de maneira oposta, inibi-lo.
Gestualidade*	Mímicas faciais, posturas, olhares, movimento do corpo podem contribuir para enfatizar o que a pessoa está dizendo ou, de forma contrária, deixar transparecer algo que ela tentava esconder ou minimizar, denunciando ausência de sinceridade.

Aspecto a ser observado	Caracterização
Aspectos da fala*	Assim como a gestualidade, o tom de voz, o ritmo, a cadência da fala, as pausas e os silêncios interferem no que é dito e no que não é dito; muitas vezes, o sentido de uma fala não está apenas no que a pessoa disse, mas em como ela disse.
Elementos relativos à polidez e aos chamados *atos de fala*	Atos de fala positivos são: elogiar, agradecer, aceitar, etc.; atos de fala negativos são: discordar, recusar, ofender, xingar, etc.; ambos interferem diretamente na condução da conversa e na própria compreensão.
As estratégias de argumentação	A análise das estratégias argumentativas (repetições, exageros, uso de eufemismos, linguagem figurada, inserção de exemplos, narrativas pessoais, comparações, etc.) pode dar pistas de como as pessoas fazem para convencerem umas às outras durante a interação e ao mesmo tempo como elas demonstram interesse em convencer o público telespectador.
Reflexos das relações interculturais	As diferenças entre cultura podem resultar em mal-entendidos, discordâncias, situações engraçadas, etc.

* As categorias *Gestualidade* e *Aspectos da Fala* estão relacionadas à noção de *multimodalidade*.

Analisar como as pessoas interagem em uma entrevista ou debate televisivo pode ser uma oportunidade singular para observar preconceitos, estereótipos, sentimentos, emoções, intenções veladas, mecanismos de controle social e também de resistência a esses controles.

Além da corporalidade dos próprios falantes, na TV, há um aspecto importantíssimo a se observar, que interfere na construção de sentido final de uma entrevista: a posição e o movimento da câmera ao filmar os participantes, bem como as possíveis edições/cortes na fala e na imagem. Por exemplo, se durante uma entrevista a câmera insiste em focalizar os punhos cerrados do entrevistado, isso poderá contribuir para a construção de um sentido de raiva, irritação, luta, disputa, força, etc. Essas estratégias relacionam-se à questão da multimodalidade na mídia.

Vamos agora ao trabalho com uma sequência didática envolvendo o gênero *entrevista*.

Sequência didática com *entrevista*

No quadro a seguir, indicamos os principais aspectos que devem ser observados na preparação de uma sequência didática direcionada para o gênero *entrevista*.

Quadro 4 – *Entrevista*: proposta de uma sequência didática

Objetivos	Reconhecer algumas das características e funções de uma *entrevista* a ser disponibilizada oralmente e outra a ser veiculada de forma impressa. Debater aspectos da relação oralidade – escrita. Refletir sobre questões relacionadas à retextualização da fala para a escrita. Produzir uma *entrevista* oral e retextualizá-la para a escrita.
Conteúdos	Características e funções do gênero *entrevista* oral. Características e funções do gênero *entrevista* escrita. Fenômenos próprios da oralidade e sua relação com a escrita. Aspectos a serem considerados na realização de uma *entrevista* oral. Fenômenos a serem considerados na transcrição de uma *entrevista* oral. Fenômenos a serem considerados na retextualização de uma *entrevista* da oralidade para a escrita.
Público-alvo	**Ensino Fundamental II e Ensino Médio**
Tempo estimado	Cerca de 10 aulas (a depender do ritmo da turma, este quantitativo poderá ser estendido).
Material necessário	Aparelho de DVD, *entrevistas* gravadas em áudio e vídeo, cópias de *entrevistas* veiculadas por jornais ou revistas, gravador e, se possível, uma filmadora.

Desenvolvimento

1ª aula – Definindo os objetivos e sistematizando o que já se sabe

A primeira atividade envolvendo a realização de uma entrevista no contexto escolar será compartilhar o objetivo da entrevista com os alunos: PARA QUE se vai realizar a entrevista. A nossa sugestão é que o professor proponha aos estudantes uma entrevista que objetive obter mais informações sobre a história da escola, a memória da instituição. Depois, é importante enumerar uma lista de possíveis entrevistados (antigos diretores, ex-professores, zeladores, etc.) e dividir os entrevistados entre os grupos de estudantes, ou seja, cada grupo de estudantes entrevista uma pessoa. Na sequência, é importante elencar o que já se sabe sobre a escola e o que se pretende saber (época de construção, inauguração, fatos marcantes, número de estudantes formados, perfil do alunado, etc). Ao final da aula, é importante elaborar coletivamente um roteiro de perguntas.

2ª aula – Explorando o gênero – entrevista em vídeo

Após definir-se o tema da entrevista, cabe analisar com os alunos as características desse gênero textual ou mesmo ampliar o conhecimento que o grupo já detenha a respeito. Para tanto, seria interessante iniciar pela apresentação e análise de vídeos de entrevistas em que entrevistador e entrevistado estivessem no estúdio, e outros em que entrevistador e entrevistado estivessem fora do estúdio. Nesse momento, não é aconselhável recorrer a *talk shows*. Os alunos serão orientados quanto aos aspectos que merecem ser observados, como: o objetivo da entrevista, o tema tratado, as informações obtidas, o tipo de perguntas feitas pelo entrevistador, o contexto em que entrevistador e entrevistado se encontram, o grau de conhecimento entre eles, etc. Além de ouvir e ver a *entrevista* inteira, é importante rever (e ouvir novamente) trechos que destaquem determinados aspectos. Em seguida, cabe debater, no grande grupo, as conclusões elaboras pelos alunos a respeito da entrevista. Os questionamentos, as discussões e os registros aí efetuados funcionam como avaliação do processo e, por isso mesmo, permitem tanto ao professor quanto aos alunos perceberem o que precisa ser retomado, aprofundado, redirecionado, tendo em vista um bom encaminhamento das atividades. São exemplos de questionamentos: O tema foi bem explorado? O entrevistado foi tratado segundo o registro esperado (formal ou informal)? Aspectos relevantes deixaram de ser tratados (quais?)? Perguntas importantes deixaram de ser feitas ao entrevistado (quais?)?

3ª aula – Explorando o gênero – entrevista em jornais e/ou revistas

O professor deve levar para a sala de aula exemplares de uma *entrevista* que focalize algum tema em evidência e de interesse da turma. Após a leitura, deve analisar com os alunos a natureza discursiva do veículo em que a entrevista foi publicada (conservador, sensacionalista, progressista, etc.), o tema abordado, o tipo de perguntas feitas ao entrevistado (longas, breves, sobre aspectos mais gerais, sobre detalhes, de modo formal ou informal, etc.), entre outros aspectos (por meio dessa estratégia, os alunos estarão avaliando a *qualidade da entrevista*, ao mesmo tempo que o professor poderá avaliar se o encaminhamento da sequência didática está possibilitando a aprendizagem desejada ou se determinados conceitos precisam ser retomados e aprofundados). Em seguida, cabe solicitar aos alunos que formulem por escrito perguntas que fariam ao entrevistado e que não tenham sido feitas pelo entrevistador. Na sequência, analisar as perguntas no grande grupo (momento em que a avaliação formativa mais uma vez se faz presente), observando sua qualidade e pertinência. Esta é também uma excelente oportunidade para que os alunos observem as dificuldades com as quais um entrevistador tem de lidar, tais como quando o entrevistado responde de forma lacônica ou quando muda de assunto, deixando de responder à pergunta feita. Cabe, ainda, debater com os alunos as diferenças observadas entre a entrevista produzida, vista no vídeo na aula anterior, e a entrevista lida, para, na sequência, comentar as características próprias de cada uma delas.

4ª aula. – Marcando a entrevista e definindo os papéis de cada aluno na realização da entrevista

Tendo em vista o propósito de aprofundar o conhecimento sobre a escola, sua história, sua relevância para a comunidade, é a hora de definir quem será o entrevistado. É muito importante escolher alguém que, supostamente, terá as informações que se deseja sobre o assunto escolhido. Feito isso, já se pode agendar a entrevista. O grupo deve definir quem entrará em contato com o entrevistado e quando fará a entrevista. Em seguida, os alunos deverão propor perguntas a serem feitas e a ordem em que elas serão formuladas. No caso de vários entrevistadores (no máximo três alunos, de forma a não tumultuar o evento), eles devem trabalhar de forma articulada, sabendo exatamente quais perguntas cabem a cada um. Além disso, o professor deve orientar devidamente diferentes alunos (organizados em duplas ou, no máximo, em trios), que ficarão responsáveis por: a) operar o gravador e a câmera; b) tomar notas sobre aspectos que considerem relevantes, como a expressão facial ou gestual do entrevistado, que possam ajudar a compreender a relação do entrevistado com o tema ou mesmo com a *situação de entrevista* (emoção, nervosismo, entusiasmo, alegria, ironia, admiração, etc.); c) observar atentamente todo o processo, de forma a verificar se a câmera está bem posicionada, se o entrevistado está à vontade, se as perguntas são feitas conforme combinado, se seria importante acrescentar uma nova pergunta não prevista no roteiro, etc. As duas últimas duplas, sobretudo, devem ser alertadas pelo professor sobre sua responsabilidade de anotar um conjunto amplo e expressivo de dados que, posteriormente, poderá subsidiar a avaliação da atividade realizada.

5ª aula – Ensaio da entrevista

Nesta etapa, os alunos farão uma simulação da entrevista. Seria interessante convidar para o papel de entrevistado um professor de outra disciplina, que pudesse discorrer sobre um tema de seu domínio e de interesse dos alunos. Com as perguntas previamente preparadas, os alunos farão a entrevista, que será posteriormente analisada, avaliada e, eventualmente, reorganizada quanto a aspectos como: o entrevistado ficou à vontade? Ateve-se ao assunto tratado? As perguntas propiciaram respostas lacônicas ou mais explicativas? Os entrevistadores souberam ajustar as perguntas quando o entrevistado antecipou algum aspecto do tema? O roteiro de perguntas preparado foi adequadamente seguido? A filmagem ou a gravação foi feita de modo correto?

6ª aula – Realização da entrevista

Nesse dia, os alunos devem chegar ao local marcado com antecedência e repassar todo o roteiro a ser seguido. Devem também verificar se os equipamentos estão funcionando adequadamente e se estão de posse dos materiais necessários, tais quais: baterias extras, lápis, caderno, etc.

7ª aula – Audição e avaliação da entrevista

Na aula seguinte à realização da entrevista, alunos e professor devem escutar (e ver, se for o caso) a entrevista realizada e opinar sobre o que vivenciaram, o que deu certo, o que precisou ser improvisado, o material considerado mais relevante e o que não poderá ser aproveitado, seja por deficiência de qualidade técnica seja por eventuais dificuldades ocorridas entre os entrevistadores e o entrevistado em determinadas passagens da entrevista. Trata-se, como se percebe, de outro momento rico em possibilidades para que a avaliação formativa do ensino e da aprendizagem do gênero em questão seja concretizada.

8ª aula – Transcrição da entrevista

Esta aula prepara a etapa de retextualização, que virá na sequência, tendo em vista a publicação impressa da entrevista. Como a transcrição da entrevista completa não é necessária, é importante que o professor selecione previamente as passagens tidas como mais interessantes, tanto do ponto de vista do tema abordado quanto dos aspectos da oralidade sobre os quais pretende levar o aluno a refletir. Essa avaliação, além de encaminhar à seleção dos trechos mais relevantes para a concretização da tarefa, propicia ainda uma reflexão proveitosa a respeito da relação oralidade – escrita, pois é preciso encontrar, no momento da transcrição, alternativas que permitam indicar na escrita recursos presentes na oralidade, tais como os gestos, as expressões faciais, o silêncio, o tom de voz, entre outros. Após um debate coletivo, o professor pode dividir os alunos em grupos, desde que disponibilize cópias dos materiais para cada um deles.

9ª aula – Avaliação da transcrição

Nesta ocasião, os estudantes deverão debater coletivamente as propostas de transposição da oralidade para a escrita, por eles realizadas. Cabe ao professor orientar em detalhes a avaliação da transposição efetuada, bem como solicitar uma refacção sempre que a transcrição não for adequada ou mesmo deturpar alguma das falas do entrevistado ou dos entrevistadores.

Para concluir

Como vimos, ao longo deste capítulo, cujo objetivo consistiu em trazer propostas efetivas de trabalho com os gêneros orais em sala de aula, buscamos primeiro dar sustentação teórica sobre a natureza da oralidade, por meio da apresentação de seus elementos: recursos gestuais, expressões faciais, voz e elementos suprassegmentais, que co-ocorrem durante a produção de fala. Buscamos relacionar os elementos paralinguísticos e cinésicos à noção de multimodalidade. Também discorremos sobre as especificidades dos gêneros orais e buscamos responder questões inquietantes para o professor que tem o desafio de lidar com a oralidade: "Como tornar o oral ensinável? Que oral tomar como referência para o ensino? Como torná-lo acessível aos alunos? Que dimensões escolher para facilitar a aprendizagem? Que gêneros trabalhar e por quê? Como trabalhá-los? Espontaneamente? Em situações funcionais? Sistematicamente? Segundo uma abordagem intervencionista? Que relação instaurar com a escrita? Como definir a relação fala e escuta?" (DOLZ; SCHNEUWLY, 2004, p. 131, 135-136).

Em seguida, apontamos alguns critérios para avaliar tais elementos, com ênfase nas atividades de retextualização, tal como propõe Marcuschi (2001). E, na sequência, apresentamos ao professor uma possibilidade de materializar as teorizações discutidas em uma atividade com o gênero textual *entrevista*, por meio de uma sequência didática.

Acreditamos que, com este trabalho, o professor de língua materna poderá desenvolver experiências teórico-práticas com a modalidade oral, com o gênero proposto e com outros que façam parte de seu projeto de ensino ao longo do ano letivo, de modo a possibilitar que, em sua prática docente, a oralidade esteja presente como objeto de ensino.

Referências

ARONCHI, José Carlos. *Gêneros e formatos na televisão brasileira*. São Paulo: Summus Editorial, 2004.

DOLZ, Joaquim; SCHNEUWLY, Bernard. O oral como texto: como construir um objeto de ensino. In: SCHNEUWLY, Bernanrd; DOLZ, Joaquim. *Gêneros orais e escritos na escola*. Campinas: Mercado de Letras, 2004.

HOFFNAGEL, Judith. Entrevista: uma conversa controlada. In: DIONÍSIO, Angela Paiva; MACHADO, Anna Rachel; BEZERRA, Maria A. (Org.). *Gêneros textuais e ensino*. Rio de Janeiro: Lucerna, 2003.

KRESS, Gunther; VAN LEEUWEN, Theo. *Multimodal discourse*: the modes and media of contemporary communication. London: Arnold, 2001.

MARCUSCHI, Luiz Antonio. *Da fala para a escrita:* atividades de retextualização. 4. ed. São Paulo: Cortez, 2001.

Capítulo 6

Atenção, senhores ouvintes: as notícias nas ondas do rádio

Carmi Ferraz Santos

Débora Amorim Gomes da Costa-Maciel

Maria Lúcia Ferreira de Figueiredo Barbosa

Com vistas a uma visualização da notícia radiofônica como prática social que se realiza na interface entre oralidade e escrita, apresentamos, neste capítulo, uma discussão sobre o ensino sistemático da modalidade oral de uso da língua com base na análise de uma proposta de atividade para a sala de aula de Educação de Jovens e Adultos (EJA), cujo objetivo é refletir sobre as condições de produção da notícia radiofônica, enquanto gênero textual misto.

A proposta que ora apresentamos traz um conjunto de atividades sistemáticas por nós elaboradas, que, de forma articulada, buscam trazer a notícia veiculada no rádio como objeto de exploração pedagógica. Para tanto, a atividade contempla eixos didáticos de leitura, produção de texto oral e escrito e análise linguística. Ressaltamos que o conjunto dessas atividades, embora tenha sido elaborado para o público de EJA, poderá ser adequado com vistas à sua aplicabilidade em outras modalidades de ensino.

Ao elegermos a notícia de rádio para o trabalho na sala de aula de EJA, levamos em consideração a necessidade de um diálogo com as práticas sociais do cotidiano desses educandos. Assumimos, com essa escolha, a ideia de que os jovens e adultos já chegam à escola com uma larga experiência no âmbito de práticas sociais não escolares. Por conseguinte, interagem com diferentes objetos culturais, dentre os quais destacamos aqueles que circulam em meios de comunicação de massa, como o rádio.

Desconsiderar as experiências que os jovens e adultos trazem para a EJA implicaria, assim, uma ruptura entre o conhecimento acumulado ao longo da vida desses educandos e o conhecimento a ser construído no âmbito da escolarização da leitura e da escrita.

Por outro lado, considerar aquelas experiências contribui para ancorar a nossa proposta em uma direção que se opõe à concepção do educando jovem e adulto como um receptor passivo de conteúdos depositados de forma mecânica, sem qualquer ligação com sua realidade social e cultural.[1]

A notícia na interface entre a oralidade e a escrita

É incontestável o contato com a oralidade em nossa vida diária. Os textos orais que circulam em nosso dia a dia se materializam em gêneros textuais na modalidade oral da língua. Tanto a oralidade (meio de produção sonoro) quanto a escrita (meio de produção gráfico) podem ser trazidas para o espaço escolar como objeto didático, visando construir competências no uso da língua.

Contudo, como reconhecer se um gênero é oral ou se está apenas sendo realizado oralmente? A propósito das definições do meio de produção e concepção discursiva e domínio dos gêneros, tomamos como referência a distribuição feita por Marcuschi (2001) para classificar os gêneros textuais orais e escritos.

Tabela 1 – Classificação dos gêneros orais e escritos

Gênero textual	Meio de produção		Concepção discursiva		Domínio
	Sonoro	Gráfico	Oral	Escrito	
Conversação espontânea	x		x		a

---

[1] FREIRE (2005) cunhou a expressão "educação bancária" ao denunciar práticas escolares que desconsideram a realidade existencial, cultural e social dos educandos da EJA.

Gênero textual	Meio de produção		Concepção discursiva		Domínio
	Sonoro	Gráfico	Oral	Escrito	
Artigo científico		x		x	d
Notícia de TV	x			x	c
Entrevista publicada na _Veja_			x	x	b

Fonte: MARCUSCHI, Luiz Antonio. _Da fala para escrita: atividade de retextualização_. São Paulo: Cortez, 2001.

Marcuschi (2001) identifica o gênero em quatro domínios: **a, b, c** e **d**, conforme observamos no quadro acima ilustrado. Para o autor, os domínios **a** e **d**, por se realizarem em meio de produção, com concepções discursivas iguais, são protótipos da oralidade e da escrita, respectivamente. Já o domínio **b** e **c** são considerados domínio misto, pois são realizados em meio de produção e com concepções discursivas diferentes.

Como pudemos observar no quadro acima, a notícia de TV configura um gênero misto, visto que sua concepção discursiva é gráfica e o seu meio de produção é sonoro. Do mesmo modo, o gênero notícia radiofônica se caracteriza como gênero de natureza mista. No domínio misto, os gêneros textuais realizam tanto práticas orais como escritas, ressaltando-se a convivência de ambas nas atividades diárias.

Classificando o gênero _notícia de rádio_ no enquadramento proposto por Marcuschi, temos o seguinte cenário:

Tabela 2 – Classificando o gênero _notícia de rádio_

Gênero textual	Meio de produção		Concepção discursiva		Domínio
	Sonoro	Gráfico	Oral	Escrito	
Notícia de rádio		x	x		b

Adaptado do livro _Da fala para escrita: atividade de retextualização_ de Luiz Antonio Marcuschi (2001).

Gostaríamos de salientar, apoiados em Marcuschi (2008, p. 2), que "a concepção (oral e escrita) indica o meio originário de produção, mas não a natureza do ato cognitivo de criação". Por exemplo, quando afirmamos que a notícia de rádio é um gênero misto, estamos apontando para a natureza do meio em que o gênero foi originalmente expresso ou exteriorizado, no caso da notícia de rádio, a sua realização é oral e a sua concepção original foi a escrita.

Neste capítulo, o ponto central de nossa discussão é observar os gêneros textuais na perspectiva do *continuum*. Isso implica refletir sobre o movimento de aproximação e distanciamento dos gêneros, nas modalidades oral e escrita da língua, sem colocá-los, sob o prisma da dicotomia, em polos opostos (Marcuschi, 2001).

As comparações dicotômicas da língua oral com a língua escrita tendem a considerar gêneros diferenciados, representados em modalidades distintas. Se compararmos textos de conversação espontânea (da fala) com textos em prosa expositiva (da escrita), certamente, encontraremos polarizações. Isso não apenas porque esses gêneros pertencem a fenômenos discursivos *a priori* distintos, mas, principalmente, porque pertencem a gêneros textuais diferentes, cujas condições de produção e objetivos, entre outros elementos, se distinguem. Entretanto, se a comparação ocorresse entre textos do mesmo gênero – por exemplo, uma conferência (representando a linguagem oral) e um artigo acadêmico, ou uma conversa informal e um bilhete familiar –, certamente, encontraríamos semelhanças entre as modalidades discursivas.

A comparação entre uma conversa informal (protótipo da linguagem oral) e um artigo acadêmico (protótipo da linguagem escrita) é um exemplo de localização nos extremos dos polos. Para que contemplemos as aproximações no *continuum*, podemos comparar uma conferência científica (prosa expositiva, apresenta características da escrita e representa a linguagem escrita) e um artigo acadêmico (texto de conversação formal). Dessa forma, a linguagem oral e a escrita não ocupam as extremidades de uma linha reta; não são dicotômicas, logo, devem ser analisadas como duas práticas discursivas cujas diferenças e semelhanças se dão ao longo de um *continuum* tipológico, em que, de um lado, está o grau máximo de informalidade e, do outro, o grau máximo de formalidade (Marcuschi, 2001).

Reconhecendo as particularidades das modalidades orais e escritas da língua, Tannen (1982) afirma que as estratégias da oralidade podem ser encontradas num texto escrito em prosa, bem como podem ser encontradas estratégias da escrita num texto oral mais formal. Para a autora, as diferenças formais se dão em função do gênero e do registro linguístico, e não em função da modalidade. Ela enfatiza também o envolvimento interpessoal como um dos traços importantes na comparação entre as duas modalidades e mostra que as estratégias discursivas decorrem do grau de envolvimento e permeiam a modalidade oral e escrita.

Marcuschi (2001, p. 42) afirma que é o *continuum* dos gêneros que distingue e correlaciona os textos de cada modalidade de uso da língua, considerando aspectos tais como as estratégias de formulação, a seleção lexical, o estilo, o grau de formalidade, etc., todos sendo analisados dentro do *continuum* de variações. Assim, quer seja o gênero textual oral ou escrito, as semelhanças e as diferenças que existem entre eles vão aflorar. Temos, portanto, uma variação que perpassa as duas modalidades de uso da língua.

O gênero notícia: atividade em análise...

Por uma questão didática, a seguir, dividimos a atividade que explora *A notícia nas ondas do rádio* em seis momentos, os quais são identificados com fragmentos da música popular brasileira.

As notícias nas ondas do rádio...
Eu sei e você sabe...

<u>1º Momento:</u>

Passo a passo	Observações
Inicie a aula perguntando aos alunos se eles escutam **programas de rádio** e quais os seus preferidos.	Faça um quadro na lousa e anote o nome dos programas indicados pelos alunos. Exemplo:

Programa	
Super Manhã (Rádio Jornal do Comércio - Pernambuco)	*Mução** (Recife - 102,1 FM)
*Fonte: Blog - http://www.mucao.com.br	

Passo a passo	Observações
Pergunte aos alunos o que é apresentado em cada programa. Exemplo: notícia, música, debate, entrevista, enquete, telefonema, piadas, pegadinhas, reportagem, telefonema, etc.	
Pergunte-lhes: • todos os programas são iguais? • em que eles se diferenciam? • todos os programas são iguais? • em que eles se diferenciam?	Ajude-os a perceber que cada programa tem uma característica diferente. Uns são mais centrados na diversão e outros mais voltados para a informação.

Liste na lousa as respostas dos alunos. Exemplo:

Monte na lousa um quadro e apresente duas categorias/blocos nas quais podem ser identificados os programas. Peça-lhes para enquadrar os programas listados por eles nessas categorias.

Programa de entretenimento	Programa informativo
Programa do Mução (Rádio Recife- 102,1) FM	*Super Manhã* (Rádio Jornal do Comércio - Pernambuco)

Programa de entretenimento	Programa informativo

Professor, os programas de entretenimento se voltam para o humor, a dramatização, os programas de auditório e os musicais. Os programas Informativos se destinam a realizar entrevistas, notícia, reportagem, boletim, opinião, mesa-redonda, prestar serviços de utilidade pública.

Proponha aos alunos a criação de um programa informativo, de rádio, voltado para divulgação de *notícias* sobre a escola e a comunidade.

Para começo de conversa, destacamos o primeiro momento da atividade, que se configura como espaço introdutório ao trabalho com sequência de atividade com base no gênero notícia oral. Podemos perceber que um dos primeiros momentos da atividade está direcionado ao resgate da vivência diária dos alunos, suas preferências em relação aos programas de rádio. Observe que há uma construção a partir das falas dos alunos sobre os gêneros que circulam na programação de uma rádio, como notícia, música, debate, entrevista, enquete, telefonema, piadas, pegadinhas, reportagem, telefonema, etc., o que promove uma reflexão sobre a diversidade de gêneros textuais veiculados no suporte rádio. Assim, reforçamos a afirmação de Marcuschi (2008) de que o rádio, enquanto suporte convencional, faz circular uma multiplicidade de gêneros.

Ao definir as categorias *programa de entretenimento* e *programa informativo*, a atividade volta-se para a funcionalidade dos gêneros. Entreter e informar são características que identificam o tipo de programação adotado pelo rádio, bem como define os gêneros textuais que serão veiculados. Não podemos esquecer que é a funcionalidade dos gêneros que os faz maleáveis e determina a sua definição.

A esfera de atuação do gênero se articula ao propósito comunicativo, respondendo a questões, tais como: o quê? Para quê? Para quem? Como? Onde? No caso do programa definido pelo professor, serão divulgadas notícias as mais variadas nas etapas seguintes. Dessa forma, é importante definir "o que" será divulgado em determinada notícia, e não em outra. A segunda questão está ligada ao propósito da divulgação da notícia e remete também a quais tipos de notícias serão selecionados para a divulgação.

A terceira pergunta está ligada ao público a quem se destina a notícia. Nessa proposta, o público será composto pelos alunos que assumirão o papel de audiência. O quarto ponto está associado à forma de realização da notícia e às estratégias desenvolvidas pelos alunos para produzirem o gênero. O último passo diz respeito ao local de divulgação do gênero, ou seja, o portador. O rádio aparecerá, assim, como veículo de divulgação do programa de notícia, o que o configura como suporte de divulgação do gênero textual.

A caracterização do gênero, numa visão bakhtiniana,[2] é observada sob três fundamentos: o *conteúdo temático*, que se refere ao conteúdo explorado no texto, em nosso caso as informações que serão veiculadas por meio da notícia; o *estilo*, voltado para questão do uso da linguagem formal ou informal da fala/escrita; e a *composição*, que diz respeito à estrutura/esquematização próprias do gênero (MARCUSCHI, 2001; 2008; KOCK; ELIAS, 2006).

Podemos exemplificar a dimensão composicional por meio da figura 1, ilustrada a seguir. Nessa figura é apresentada uma receita culinária, gênero que também circula na programação de diferentes rádios. Embora a receita a seguir possa não ser compreendida pelo leitor que não saiba ler em alemão, tal leitor terá competência para identificar a que gênero o texto se refere, visto que a composição lhe é familiar.

Zutaten:

150 g bärlauch
60 g schalotten
20 g butter
0,1 Lweibwein
3/4 Lgemüsebrühe
100 g sahne
2 pfeffer, salz
50 gcreme fraiche

Bärlauchcremesuppe kann man z.B. zusammen mit frischem Baguette als leichtes Hauptgericht für 3 Portionen servieren, oder als Vorsuppe für 6 Portionen reichen. Bärlauch unter fließend Wasser abspülen und am besten in der Salatschleuder trocknen. Einige kleine Blätter für die Dekoration, wie oben auf.em Bild zu sehen, beiseite legen. Von den anderen Bärlauchblättern die dicken Stiele entfernen, zarte Stiele können mitverwendet werden. Bärlauch grob.

---

[2] Estamos nos reportando mais especificamente à visão de Bakthin (2003).

No exemplo ilustrado, é a familiaridade com o gênero *receita culinária* que permite a sua identificação sem maiores dificuldades. No caso do gênero *notícia*, podemos sinalizar que, embora seja um gênero comum na vida social dos alunos pela sua proximidade com diferentes suportes (TV, rádio, jornal, computador), a sua estrutura pode não ter a mesma familiaridade por parte dos alunos, como é o caso do exemplo supracitado. Não se trata, entretanto, de tornar a estrutura do gênero *notícia* o elemento maior da nossa discussão, mas, sim, a sua funcionalidade e os elementos que o caracterizam.

Um nome para chamar de seu...

2º Momento:

Convide os alunos a pensar sobre o nome que dariam ao programa. Façam uma enquete oral para a escolha do nome.	Forme grupos e oriente-os a propor nomes para o programa. Alerte-os para as especificidades do programa e atente para uma programação adequada à esfera de produção escolar. **Atividade de pesquisa...** Se na comunidade que o aluno mora houver rádios comunitárias, podem ser indicadas uma visita e a realização de uma entrevista com os locutores e a direção da rádio, a fim de conhecer melhor como funciona um estúdio de rádio e como é estabelecida a sua programação de notícias.

Neste momento da atividade, o professor é orientado a mobilizar junto aos alunos o gênero *enquete oral*, em busca de definir um nome para o programa de rádio. A enquete é um gênero textual que, além de o encontrarmos na modalidade oral, podemos encontrar na modalidade da língua escrita.

Normalmente, uma pergunta é utilizada como mote por meio do qual o leitor se posicionará frente a um tema em questão. A enquete, como qualquer outro gênero textual, sofre influências das condições sociais de sua produção.

Considerando que a sala de aula é um espaço de interação face a face, outras condições de produção precisam ser levadas em conta quando se trata de uma enquete oral. Dada essa interatividade com a classe, a escolha do nome do programa de rádio poderá ser um momento de mobilização de processos argumentativos, em que o aluno explicitará o porquê de suas escolhas, assim como poderá também buscar convencer, influenciar, persuadir, defender ou negar o ponto de vista proposto por outros alunos.

Envolver a turma em práticas argumentativas é importante e necessário, pois, dessa forma, estamos promovendo o desenvolvimento da competência comunicativa no aprendiz, de modo a favorecer o uso da língua nas diferentes instâncias de produção.

De acordo com Rubio e Arias (2002, p. 35), a argumentação é configurada quando "um sujeito tenta persuadir um destinatário acerca de um ponto de vista determinado". Para as autoras, o ensino da argumentação implica colocar em prática uma diversidade de estratégias com a finalidade de chegar ao objetivo pretendido. Esse ponto de vista também é implicado na compreensão de que a escola deve promover situações "as mais próximas das reais", de modo a ajudar os alunos a compreender os argumentos dos discursos sociais na língua escrita e falada, assim como a estar em contato com diferentes estratégias argumentativas.

A atividade proposta pela sequência em questão está permeada pelas práticas orais argumentativas. Podemos refletir também sobre outra competência essencial no trato com a oralidade, a prática do ouvir atentamente o que o outro tem a dizer. Envolvem-se nessa prática democrática o respeito e a atenção pelo pensar do outro, de modo a favorecer a interação. Os sujeitos envolvidos na produção do gênero *enquete oral* necessitarão desenvolver a sensibilidade de saber ouvir, tanto quanto falar, de modo a favorecer a convivência social (Brasil, 1996).

O que será, que será?

3º Momento:

Explore os conhecimentos prévios dos alunos sobre o gênero *notícia*. Pergunte-lhes: <ul><li>Vocês costumam ler ou ouvir notícias? Onde?</li><li>Que tipo de notícias ouvem/leem?</li><li>Para que servem as notícias?</li><li>Será que qualquer tema pode se tornar notícia?</li><li>No caso do rádio, quem divulga a notícia?</li><li>Como essas notícias são produzidas no rádio?</li></ul>	Liste todas as respostas dos alunos na lousa para confrontá-las. Chame a atenção dos alunos de que, para ser notícia, o fato divulgado precisa ser inédito. Em geral, as notícias despertam o interesse do público, por seu nível de apelo e empatia. A última pergunta visa chamar a atenção do aluno para o fato de que as notícias passam por uma seleção de coleta de informações, seleção de fatos a serem divulgados, entre outros.
Entregue aos alunos algumas notícias de jornal. Pergunte-lhes: 1. Suas notícias falam sobre o quê? 2. Se olharmos para o tamanho do título das notícias, o que podemos ver em comum? Construa uma tabela no quadro com as seguintes características: 	Quem?	O quê?	Quando?	Onde?	Como?	Por quê?
---	---	---	---	---	---
					| Pergunte-lhes: <ul><li>Quando vocês leem/ouvem a notícia, conseguem identificar esses pontos?</li><li>As notícias que vocês ouvem no rádio ou ao vivo na TV trazem os mesmos pontos?</li></ul>	Ajude-os a refletir sobre os traços comuns ao gênero *notícia*, por meio das perguntas: quem? O quê? Quando? Onde? Como? Por quê?

Observemos que, neste terceiro momento, alguns elementos essenciais na discussão sobre os gêneros devem ser destacados. Inicialmente, o suporte do gênero fica em evidência. Definir o suporte é apontar para a forma de realização do gênero. No caso da notícia de rádio, por exemplo, estamos tratando de um gênero misto, ou seja, produzido na modalidade escrita e realizado na modalidade oral.

É evidenciado também, nas duas etapas seguintes, que a caracterização do gênero textual *notícia* está a serviço de sua função social. Nesse processo, há uma valorização do que o aluno sabe a respeito do gênero, favorecendo o reconhecimento de suas especificidades. É válido chamar a atenção para o fato de que a caracterização é condicionada pela situação de produção de um gênero textual, podendo ser visualizada por meio das seguintes dimensões: a quem se destina o texto? O que será produzido? Quando, onde, como e por que será produzido? Este movimento promove o gênero notícia a objeto de ensino-aprendizagem, atentando-se para as suas condições interativas e dialógicas.

Outro aspecto a ser considerado no planejamento da atividade em tela é uma intervenção pontual quanto à preparação escrita da notícia, observando as características do gênero textual em questão. É preciso ressaltar que a atenção para as características das notícias que serão escritas, a fim de serem divulgadas posteriormente, não terá o intuito de transformá-las em meras espécies de textos a serem explorados em seus aspectos formais, sem que se considere a sua finalidade social, a qual extrapola a sala de aula. Nesse sentido, algumas questões podem ser levantadas: quais são as particularidades da notícia de rádio? O que podemos perceber que a aproxima e/ou a distingue de outras espécies de texto? Quais são as especificidades da notícia veiculada na rádio quando a comparamos com a notícia que circula no texto impresso?

Santos e Mendonça (2006) mostram algumas características do gênero *notícia*, tendo como base o seguinte:

- Função sociocomunicativa básica: informar um grande público, a respeito de certo fato;
- Tratamento de um fato noticioso (aquele considerado relevante para virar notícia);

- Efeito de objetividade: o texto busca ser imparcial e objetivo, por isso não se usam adjetivos valorativos, como *bom, bonito, absurdo* (grifo das autoras) etc.;
- Título sucinto, revelando o fato central;
- Informações essenciais sobre os acontecimentos, respondendo às seis perguntas clássicas – *o quê, quem, quando, como e por quê.* (grifo das autoras)

Diante da observação dessas características, os alunos podem buscar o que é peculiar, ou não, à notícia radiofônica.

Quem é você? Adivinha o que eu quero saber...

4º Momento:

Convide os alunos a definir os papéis que serão desempenhados por eles no trabalho com a rádio escolar.	Sugerimos os seguintes papéis: • Repórteres (cuja função é levantar as informações e escrever a notícia). • Locutor (cuja função é apresentar as notícias). • Editor (cuja função é selecionar as notícias produzidas e revisá-las). Sugerimos que esta função seja ocupada por toda a turma, que pode, de modo coletivo, escolher os melhores textos e fazer as correções que forem necessárias.
Oriente a formação de grupos que construirão as notícias a serem dadas ao vivo na programação da rádio.	Alguns pontos de pauta podem estar relacionados a questões de: • segurança pública; • saúde pública; • meio ambiente; • eventos escolares; • festejos, etc. Divida a sala de aula em diferentes espaços que vão representar diferentes locais da comunidade a que pertencem os alunos. Esses espaços poderiam ser, por exemplo, um campo de futebol, uma comunidade religiosa, o parque de uma festa. Sugira aos alunos que realizem entrevistas na comunidade sobre questões colocadas por eles e, a partir delas, escrevam as notícias.

Um aspecto central para o trabalho com a notícia radiofonônica é considerar questões de ordem interacional afetas às relações que se estabelecem entre locutores e ouvintes. Entre esses aspectos, destacamos a definição de papéis sociais a serem compartilhados entre os interlocutores. Goffmann (2002) situa a definição dos papéis sociais em relação ao fato de os participantes de uma conversação terem necessidade de atentar para mudanças no curso das interações. Uma forma de responder a esse tipo de necessidade é uma permanente manifestação de alinhamentos entre os interlocutores. O alinhamento é "a postura, a posição, a projeção do 'eu' de um participante na sua relação com o outro, consigo próprio e com o discurso em construção" (p. 107).

Definir papéis sociais na esfera de uma atividade como a proposta neste capítulo permite aos alunos um tipo de reflexão na ordem das condições de produção e recepção da notícia radiofônica. Perguntas como "onde, quando e como se situa esta interação?" ajudam a alinhar conversas em curso. Nessa perspectiva, papéis sociais têm a ver com a posição que cada um ocupa em uma dada interação, o que condiciona o que se diz, quando e como se diz, assim como ajuda a planejar conversas com fins previamente estabelecidos, como é o caso da atividade em tela, a qual surge para dar espaço, de modo didático, ao desenvolvimento de habilidades do discurso oral no âmbito da sala de aula.

Observe que a atividade proposta sugere convidar os alunos a definir os papéis que serão desempenhados por eles no trabalho com a rádio escolar. O que caberia aos alunos "nesse latifúndio"? Há pelos menos três categorias interacionais que se destacam nas contingências da interação radiofônica – a de locutor, a de repórter e a de audiência. Primeiramente, os alunos precisarão perceber de forma clara quais os papéis de cada um desses atores sociais no ato de produzir e receber a notícia. Quem apresenta as notícias? Quem abre o programa de rádio? Caberá ao locutor abrir e fechar o programa no qual os repórteres farão veicular a notícia.

Que outros jogos de papéis sociais podem ser desempenhados pelo locutor, partindo-se do princípio de que a interação é um jogo de ajustamento entre falantes e ouvintes? Como a interação, embora seja uma atividade ritualizada, a dinâmica vista no contexto da interação radiofônica vai requerer do locutor uma atitude permanente de envolvimento da audiência. Embora a notícia seja o evento principal em programas que visam à divulgação de informações inéditas no rádio, o locutor precisa estabelecer uma relação que desperte o interesse dos ouvintes. Algumas estratégias poderiam ser pensadas com essa finalidade, como fazer perguntas retóricas.[3] Perguntas que estimulem a curiosidade dos ouvintes sobre os fatos a serem noticiados, perguntas que levem a audiência a formar sua opinião diante dos fatos já relatados, dentre outras.

Entretanto, cabe ao locutor dividir o espaço do programa com os repórteres ao introduzi-los na cena do noticiário. Enquanto os repórteres narram a notícia, estabelecem, de sua parte, a relação com o público alvo. Trata-se de um novo alinhamento, mediante a participação de atores sociais cujo papel é relatar os fatos levando em consideração a sua audiência.

Um dos modos de organizar as atividades de preparação e divulgação das notícias é formar grupos entre os alunos. Além de terem clareza sobre o papel que desempenharão no programa de divulgação de notícias, é interessante que os educandos definam os assuntos das notícias a serem por eles coletadas e editadas. Questões que apresentam impactos nos debates da sociedade atual, como segurança pública, meio ambiente, eventos escolares, festejos, entre outras, mobilizam o interesse de um público-alvo como o da EJA, cujas expectativas se voltam para um universo de questões sociais, culturais, políticas e econômicas.

Na atividade em tela, destacamos a importância da estratégia de definir os espaços de circulação de fatos/notícias que se relacionam aos espaços representativos dos diferentes locais da comunidade a que pertencem os alunos. A produção da notícia depende das condições de produção a que está sujeita. Nesse sentido, importa inscrever as notícias

---

[3] A expressão *perguntas retóricas* está sendo utilizada aqui na acepção de uma estratégia do discurso que visa interagir com a audiência sem que esta tenha de responder à questão. Trata-se, portanto, de um mecanismo de estratégia do discurso interacional usado tanto na conversação face a face como na conversação mediada por um meio de comunicação como o rádio.

nos locais da sua ocorrência e situá-las em relação aos grupos sociais que contribuem para o seu acontecimento.

É importante lembrar que a sala de aula não é, naturalmente, o lugar e a fonte de onde emergem os fatos a serem noticiados. Contudo, nela é possível vislumbrar eventos como noticiários de rádio, os quais poderão ser didatizados com o objetivo de ensinar a oralidade em um meio cuja relevância social pode ser objeto das aulas de Língua Portuguesa em EJA.

Passei horas no espelho me arrumando o dia inteiro...

5º Momento:

Prossiga o planejamento com os grupos orientando-os

- na seleção dos temas;
- na preparação escrita das notícias, observando as características do gênero estudado;
- na leitura em voz alta da notícia escrita, buscando ajustá-la ao texto oral (nesse ajuste deve ser observada a entonação e devem ser evitadas as hesitações; as repetições excessivas; as pausas prolongadas; o uso excessivo de conetivos, tais como: e, e...é, é... ah, ah...ai, ai..., etc.);
- no ensaio das suas falas (nesta fase, utilize o gravador ou outros recursos tecnológicos).

O monitoramento da oralidade é necessário para que se observe, por exemplo, o tratamento dado à notícia nessa modalidade de uso da língua.

Chame a atenção dos alunos para a adequação do texto falado ao público a que se destina a notícia.

Atente também para o aluno locutor; ele deverá participar dessa fase de seleção das notícias e preparação para a realização do programa.

Atenção

Para aproximar a notícia de sua esfera real de circulação, sugerimos a montagem, pelos alunos, de uma cabine de onde o locutor apresentará o programa e chamará os repórteres de rua. Se possível, utilize microfones sem fio, com amplificador de som, para divulgar o programa para toda a escola.

Recupere uma das primeiras gravações do ensaio dos alunos e ajude-os a observar os possíveis aspectos das falas que ocorreram durante o ensaio: • hesitações; • repetições excessivas; • pausas prolongadas; • uso excessivo de conetivos (e, e...é, é...ah, ah...ai, ai.... etc.)	O objetivo desse momento é fazer o monitoramento do oral.

Observe que a atividade cuja proposta é ilustrada em suas diferentes etapas compreende um momento que requer atenção dos aprendizes para a escolha dos temas. Essa escolha certamente partirá do debate em torno de questões que ocupam espaço em diferentes segmentos da sociedade, as quais são de interesse dos alunos da EJA. Contudo, é importante atentar para o fato de que, na escolha de temas que serão objetos de matérias noticiosas, os produtores de notícias constroem representações sobre o público-alvo.

É fundamental definir as condições sociais de produção da notícia, como já o dissemos aqui, porém, essas condições precisam dialogar com as condições de recepção dos fatos noticiados, o que implica também pensar em quem ouvirá a notícia, de que lugar, com que objetivo. Quem é o público potencial das notícias? O que se sabe sobre esse público? Quais suas expectativas em relação a eventos noticiosos do rádio?

Observe também que a sequência acima ilustrada faz alusão a que se leve em consideração, durante o planejamento prévio da divulgação da notícia, alguns aspectos mais estritamente ligados à dimensão da leitura em voz alta dos fatos a serem noticiados, buscando ajustar essa leitura ao texto oral (nesse ajuste deve ser observada a entonação, contudo, devem ser evitadas as hesitações, as repetições excessivas, as pausas prolongadas, o uso excessivo de conetivos, tais como: e, e...é, é...ah, ah...ai, ai..., etc.).

Trata-se, portanto, de os alunos ficarem atentos para os procedimentos de formulação textual da fala (Marcuschi, 2005), tendo em vista que, ao narrarem a notícia, precisam evitar o uso excessivo de algumas marcas típicas do texto oral, cujo apagamento passa a ser necessário em situações como a notícia de rádio, em virtude de, nesse contexto, a informação requerer assertividade no seu processamento textual.

Divulgar uma notícia por meio do rádio é diferente de fazê-lo na interação face a face, quando os interlocutores se encontram um em presença do outro, em condições de inferir significados com base em hesitações, incompletude de enunciados, repetições, pausas, conectivos, específicos da produção textual da fala, por partilharem conhecimentos entre si.

No caso de interações mediadas por tecnologias da comunicação e da informação como o rádio, embora a construção de significados dependa também de conhecimentos partilhados entre falantes e ouvintes, o uso excessivo de hesitações prejudica a recepção de informações factuais.

Fatores ligados ao tempo e à proximidade física dos falantes, conhecimentos partilhados, entre outros, interferem na formulação textual da fala (Marcuschi, 2005). É nesse sentido que o planejamento da leitura da notícia escrita, para ajustá-la ao oral, e não para oralizá-la, depende de os alunos terem conhecimento não apenas das especificidades do texto falado, como também de conhecerem como o meio radiofônico interfere na formulação textual da notícia, a fim de ajustá-la ao seu contexto social de produção.

Um ajustamento necessário se refere à entonação da voz, a qual constitui um importante aspecto para a construção de significados pelos ouvintes. Parte da construção de significado, tanto nas interações face a face como nas interações cujos interlocutores se encontram ausentes, dá-se com base em "pistas contextuais", a partir das quais falantes e ouvintes, por compartilharem conhecimentos de ordem cultural, inferem sentidos subjacentes ao que está sendo dito.

Um repórter que, por exemplo, eleva o tom de sua voz, em um dado momento da transmissão da notícia, fornece uma "pista contextual" aos ouvintes para que estes infiram significados, os quais não seriam possíveis apenas com a audição de elementos presentes exclusivamente na estrutura linguística do fato relatado.

A esse propósito, Gumperz (1982) mostra como a linguagem falada é dependente de "pistas contextuais", as quais se manifestam por meio de elementos prosódicos, ou outros tipos de manifestações que não fazem parte da estrutura da língua.

Com a atenção voltada para o desenvolvimento de habilidades por parte dos alunos, a atividade proposta contempla a qualidade da voz, que, "ao produzir o som audível, comanda a prosódia (entonação, tom, velocidade etc.)" (MARCUSCHI, 2005, p. 76). É nesse sentido que o monitoramento do oral passa a ser importante, no momento em que os alunos são convidados a recuperar uma das primeiras gravações do ensaio da divulgação da notícia, a fim de observarem possíveis hesitações, repetições excessivas, pausas prolongadas, uso excessivo de conetivos, etc.

Entende-se, assim, que o oral pode ser objeto de monitoração por parte dos educandos, cabendo ao professor chamar a atenção dos aprendizes para os elementos textuais e não textuais que podem ajudar, ou não, na divulgação da notícia considerando o meio em que ela é transmitida.

Começar de novo e contar comigo, vai valer a pena...

6º Momento:

Após o momento de observar o monitoramento da fala dos alunos, retome a fase do ensaio. Peça a eles que leiam os textos escritos várias vezes, não para decorá-los, porque, na emissão da notícia, o locutor lê os textos, mas para que se apropriem do texto de modo tal que, ao lerem, pareça tão natural como se fosse falado.	Oriente-os a também gravar essa etapa.

Em seguida, oriente-os a observar quais foram as mudanças que ocorreram na transformação do texto escrito para o oral.	Anote os pontos destacados pelos alunos para refletirem sobre o gênero *notícia* realizado em duas modalidades de uso da língua (oral e escrita).
Como culminância das atividades, inaugure o programa de rádio, identificando-o pelo nome previamente escolhido pelos alunos. Execute os passos orientados na divulgação das notícias orais.	

A prática de memorização textual acima mencionada é fruto de um trabalho que visa ajudar o aluno a compreender uma das funções do texto escrito na prática da oralidade. Nesse evento, a escrita caminha lado a lado com a prática oral. Observe que este é um momento em que o aluno tomará a escrita como referência da atividade oral. Ao tomar a escrita com esse propósito, o aprendiz exercita uma prática corrente no mundo da escrita, tendo em vista que em contextos como o rádio usar a escrita como apoio para práticas da oralidade faz parte das condições sociais de produção de gêneros que circulam naquela esfera, como é o caso da notícia.

Outro ponto a ser destacado neste sexto momento é a atividade de observação, pelo aluno, dos procedimentos que marcaram a transformação do texto escrito para o texto oral. Esse processo de formulação textual ajuda-o a compreender que a modalidade em que o gênero se realiza é um elemento determinante para a sua produção. Ao ajustar o escrito ao oral, mobiliza-se o conhecimento dessas duas modalidades do uso da língua. No que se refere a conhecimentos sobre a língua oral, a atividade proposta contribui para mobilizar elementos que demonstram suas marcas específicas.

Levando em consideração o ponto de vista de Marcuschi (2005, p. 21) de que a escrita é "uma espécie de representação abstrata e não fonética nem fonêmica da fala, ela não consegue reproduzir uma série de propriedades da fala, tais como o sotaque, o tom de voz, a entoação, a velocidade, as pausas, etc.", na proposta em tela, os alunos terão a oportunidade de refletir sobre como a melodia, a entonação (prosódia) substituem, por exemplo, a pontuação empregada na escrita.

Conclusões

Neste capítulo, mostramos a notícia de rádio como um gênero textual misto por sua interface entre a oralidade e a escrita. Ao apresentarmos a análise de uma proposta para a sala de aula de Educação de Jovens e Adultos, buscamos tecer uma reflexão sobre as condições sob as quais a notícia radiofônica pode ser tomada como objeto de ensino-aprendizagem.

As seis etapas apresentadas ao longo do texto se estruturaram com base na noção de que tanto a fala quanto a escrita se relacionam dentro das práticas sociais, porém, ambas revelam as suas especificidades. Foi nessa perspectiva que a atividade, logo em seu início, enfatizou o resgate do que sabem os alunos da Educação de Jovens e Adultos sobre o gênero notícia, visto que o rádio é um meio de comunicação de massa que está muito presente em sua vida diária, veiculando uma variedade de gêneros textuais que podem ser explorados no espaço escolar, tal como a enquete oral, que foi objeto do segundo momento da atividade.

Procuramos deixar claro que é papel da escola explorar os gêneros textuais em uma perspectiva didática. Porém, é necessário considerar as condições de produção dos textos escolares. No caso da notícia de rádio, chamamos a atenção para aspectos como: a quem se destina o texto? O que será produzido? Quando, onde, como e por que será produzido?

Foram enfatizados também os papéis sociais a serem vivenciados pelos alunos no processo de produção da notícia de rádio, como forma de conscientizá-los sobre a importância da organização dos sujeitos na estrutura de construção na notícia.

Outro aspecto que consideramos relevante foi a necessidade do planejamento da atividade, tendo em vista que as etapas de sua produção demandaram considerar os eixos didáticos da leitura e da produção textual, bem como da oralidade na interface com a escrita. Mostramos que, embora esses eixos tenham suas especificidades, podem dialogar entre si, de forma não fragmentada.

Reiteramos aqui que a atividade proposta não se trata de mera oralização da leitura de notícia, tendo em vista que o texto escrito como fonte primeira dos fatos relatados passou por um processo de transformação com vistas ao seu ajustamento às condições materiais e sociais do rádio enquanto meio de comunicação que veicula oralmente uma diversidade de gêneros textuais.

Referências

BAKHTIN, Mikhail. *Marxismo e filosofia da linguagem.* São Paulo: Hucitec, 2002.

BAKHTIN, Mikhail. *Estética da criação verbal.* 4. ed. São Paulo: Martins Fontes, 2003.

BRASIL. Secretaria de Educação Fundamental. *Parâmetros Curriculares Nacionais*: Língua Portuguesa (1ª a 4ª série). Brasília: Ministério da Educação/ Secretaria de Educação Fundamental, 1996.

FREIRE, Paulo. *Pedagogia do oprimido.* São Paulo: Paz e Terra, 2005.

GOFFMAN, Erving Footing. In: GARCEZ, P. M.; RIBEIRO, B.T. (Org.). *Sociolingüística interacional.* São Paulo: Edições Loyola, 2002.

GUMPERZ, Jonh J. *Discourse strategies.* London: Cambridge University Press, 1982.

KOCK, Inguedore Villaça; ELIAS, Vanda Maria. *Ler e compreender os sentidos do texto.* São Paulo: Contexto, 2006.

MARCUSCHI, Luiz Antonio. A oralidade no contexto dos usos linguísticos: caracterizando a fala. In: MARCUSCHI, Luiz Antonio; DOINÍSIO, Angela Paiva (Org.). *Fala e escrita.* Belo Horizonte: Ceale, 2005.

MARCUSCHI, Luiz Antonio. *Da fala para escrita*: atividade de retextualização. São Paulo: Cortez, 2001.

MARCUSCHI, Luiz Antonio. *Produção textual, análise de gêneros e compreensão.* São Paulo: Parábola Editorial, 2008.

RUBIO, Mariela; ARIAS, Valeria. Uma secuencia didáctica para la ensenanza de la argumentación escrita em el tercer ciclo. *Leictura y Vida*, p. 34-43, 2002.

SANTOS, Carmi Ferraz; MENDONÇA, Márcia; CAVALCANTE, Marianne C.B. Trabalhar com texto é trabalhar com gênero? In: CAVALCANTE, Marianne C. B.; MENDONÇA, Márcia; SANTOS, Carmi Ferraz. *Diversidade textual*: os gêneros na sala de aula. Belo Horizonte: Ceale, 2006.

TANNEN, Deborah. The oral/literate continuum. In discourse. In: TANNEN, Deborah (Ed.). *Spoken and written language*: exploring orality and literacy. Norwood: Ablex, 1982.

Capítulo 7

E a língua falada se ensina? A lenda como objeto para o ensino da oralidade

Danielle da Mota Bastos

Jaciara Josefa Gomes

O ensino de Língua Portuguesa como língua materna (LM) tem mudado bastante nas últimas décadas, já não sendo tão estranho compreender a linguagem a partir de uma perspectiva mais funcional, ou seja, compreendê-la como uma ação comunicativa sociointeracional realizada por meio de textos. Isso implica dizer que a língua existe a partir do momento em que os seus usuários a colocam em prática, em uso. Assumida essa concepção social, pragmática e discursiva da linguagem, retomamos Beaugrande (1997), para quem texto é uma atividade de comunicação para qual convergem ações linguísticas, sociais e cognitivas. Nessa perspectiva, não se nega a existência da estrutura, mas se acrescentam a esta elementos de outras naturezas.

Lembremos que houve, tradicionalmente, o estabelecimento de uma relação direta entre a língua oral e a alfabetização; entendida esta como a ação de alfabetizar, ou seja, ação de habilitar o sujeito para a leitura (no sentido da decodificação) e para a escrita (atividade de imitação de modelos e/ou desenvolvimento de dons). Por sua vez, a escrita esteve relacionada ao letramento, isto é, ao resultado de uma ação sistemática de práticas sociais de leitura e de escrita. Nessa perspectiva sociodiscursiva de língua, os eixos de leitura e escrita são reconfigurados, exigindo mudanças significativas nos processos de ensino e aprendizagem, como explicitaremos mais adiante. Entender as modalidades de uso da língua, oral e escrita, na perspectiva de oposição mostrada acima, implica, muitas vezes, concebê-las como dicotomias estritas. Implica também pensar o ensino-aprendizagem de uma (a fala) como natural e extraescolar e de outra (a escrita) como artificial e estritamente ligada ao espaço escolar, visão extremamente limitada e que não favorece o desenvolvimento do aluno em todas as suas potencialidades.

Diante desse quadro, defendemos o ensino-aprendizagem da oralidade como prática social e, como tal, uma prática de letramento(s) que deve ser (re)elaborada e ampliada na escola. Para tanto, pautamo-nos nos estudos de Neves (2001), Castilho (1998), Dolz e Schneuwly (2004), Marcuschi (2004) e Preti (1997; 2002) para evidenciarmos as características da fala e o gerenciamento de relações em textos falados. Ademais, refletimos criticamente sobre a relação entre o domínio das modalidades oral e escrita, traçando analiticamente uma ponte entre ambas a partir do gênero textual *lenda*.

Na defesa da necessidade de um ensino sistemático também para a oralidade, buscamos mostrar a relevância dessa prática para a aquisição da variedade padrão, ampliando efetivamente o repertório dos falantes, bem como a importância da oralidade para que a criança passe, sem ruptura, do falar/pensar ao pensar/ler/escrever e, consequentemente, mostrar sua relevância para o sucesso escolar do aluno. Daí porque defendemos a necessidade de a escola efetivar o ensino da oralidade com base no trabalho com diferentes gêneros orais. Para tanto, analisaremos o gênero *lenda*, por ser um gênero "nascido" na tradição oral e por constituir um importante instrumento didático de reflexão sobre diferentes aspectos da oralidade e sua relação com a produção escrita.

O texto foi dividido em dois grandes tópicos de discussão. No primeiro, refletiremos sobre o(s) letramento(s) na modalidade oral, procurando mostrar que a oralidade influencia a escrita e, por sua vez, que a escrita também influencia a oralidade. Pretendemos evidenciar essas modalidades de uso da língua como práticas de letramento a partir do gênero *lenda*, por ser um texto misto, um texto que, de acordo com Marcuschi (2004), se localiza numa área de intersecção entre o oral e o escrito. Já no segundo tópico de discussão, refletiremos sobre a língua falada e a importância do seu ensino sistemático, procurando mostrar ao professor possibilidades de trabalho com a língua oral em sala de aula, tomando como objeto de análise uma lenda conhecida da nossa cultura popular.

Letramento(s) na modalidade oral: refletindo sobre influências mútuas

Sabemos que o letramento é concebido de acordo com crenças, valores e práticas socioculturais de cada grupo, não sendo, portanto, estático e muito menos universal, como bem salienta Scribner e Cole (1981). Nesse sentido, trataremos o letramento com base nas práticas de alfabetização na escola, traçando um paralelo entre os modelos de letramento *autônomo* – centrado no desenvolvimento social de expansão da escrita – e *ideológico*, este último passou a considerar as condições de uso da língua, como também as práticas sociais e culturais envolvidas no processo de comunicação até chegar a compreender a dimensão simbólica da linguagem, superando os limites da escrita.

É importante lembrarmos que compreendemos a alfabetização como um processo de ensino sistemático do código linguístico para habilitar o aluno nas práticas de leitura e de escrita. Práticas essas que são entendidas de forma bastante limitada, uma vez que a leitura ainda está presa à ideia de decodificação e a escrita se limita à realização de cópia na escrita.

Letramento autônomo: uma noção limitada e limitadora

No modelo de letramento autônomo, a oralidade fica em segundo plano, enquanto a escrita é vista como um fim em si, ou seja, como um produto completo e único. Daí porque afirmamos se tratar de uma noção estreita, uma vez que o foco está no resultado, e de uma noção limitadora, por não possibilitar, entre outros aspectos, liberdade de apreensão da linguagem, seja para o aluno, seja para o professor. Isso porque a noção desse modelo está pautada em dicotomias e relacionada diretamente ao desenvolvimento cognitivo do aprendiz (KLEIMAN, 1995).

Dessa maneira, o letramento autônomo opõe o sujeito letrado ao não letrado e o pensamento concreto ao pensamento abstrato. Nessa perspectiva, a escrita é posta em uma dimensão superior à oralidade,

139

que é vista como realização informal da linguagem. A escrita é, então, qualificada como modalidade superior, artificial e essencial da linguagem e resulta da escolarização, do desenvolvimento de habilidades cognitivas. Essa associação da escrita ao desenvolvimento cognitivo do sujeito terminou por gerar comparações e, consequentemente, preconceitos.

Outros problemas também devem ser apontados em relação ao modelo autônomo que prega a supremacia da escrita em detrimento da fala, como o fato de relacionar o analfabetismo às condições de liberdade e de sobrevivência do homem. Essa relação implica pelo menos dois problemas: o primeiro, diz respeito à correspondência estabelecida entre a ascensão social e o grau de escolaridade. Um problema que foi analisado por Bagno (1999) como um mito, pois, se fosse assim, lembra o linguista, o professor de língua estaria no topo da pirâmide social. O segundo problema decorre, em certo sentido, do primeiro, uma vez que quem fracassa nesse processo de ensino-aprendizagem é o sujeito mais pobre, que será, certamente, marginalizado.

Percebemos que, nesse modelo, não há espaço para o ensino da oralidade, pois a modalidade falada da linguagem é o lugar da informalidade, do erro e, sabendo-se que a escola deve ensinar o padrão, o "certo", não cabe então trabalhar a oralidade. Esta é vista também como simples, já que a utilizamos desde sempre e as situações complexas e os gêneros mais complexos estão na escrita, que deve, sim, ser ensinada.

Ademais, nessa perspectiva, o ensino-aprendizagem é baseado em um modelo extremamente autoritário, em que o professor é o detentor do saber. Logo, não há espaço para o diálogo, pois a relação entre professor e aluno é de extrema assimetria, só cabendo àquele o poder de decidir sobre a construção do saber que, no caso, é de sua propriedade. Ao aluno cabe, então, não questionar e aceitar o conhecimento que lhe é "transferido". É por tudo isso que classificamos esse modelo como limitador.

Letramento ideológico: uma mudança necessária

Para superar o quadro de fracasso e discriminação promovido pelo modelo de letramento autônomo, tornou-se urgente vencer a resistência que se criou em relação à cultura letrada.[1] Nesse sentido, entram em cena as duas modalidades de uso da língua (oral e escrita). Esse uso é aqui entendido como prática social. Escrita e oralidade são vistas numa perspectiva de semelhança e, por conseguinte, a aquisição da escrita deve se dar em continuidade ao desenvolvimento linguístico da criança.

Posto isso, percebemos que, no modelo ideológico, a diferença e a pluralidade passam a ter voz, no sentido de serem respeitadas. Já não se pensa a língua numa perspectiva única, nem se privilegia apenas uma forma de realização da linguagem, pois a oralidade passa a figurar como um modo também a ser estudado e aprimorado, embora ainda não de uma forma ideal. O que pensamos ser ideal para a oralidade é a sistematização, assim como ocorre com a modalidade escrita da língua.

Outro conceito passa a ser fundamental nessa nova abordagem: o contexto social,[2] entendido aqui como todo o entorno no qual a comunicação se efetiva. Isso porque o letramento passa a ser concretizado em práticas, sendo relevantes os aspectos da cultura e das estruturas de poder de uma sociedade (STREET, 1984). Dessa maneira, fica evidente que as práticas discursivas mudam conforme o contexto em que estejam inseridas.

É importante, nesse quadro, entendermos que as práticas de letramento na escola ainda parecem estar fortemente marcadas pelo modelo autônomo.[3] Contudo, como já dissemos, julgamos necessária e urgente uma mudança no sentido de possibilitar ao aprendiz modos também plurais para o seu dizer. Com isso, reafirmamos que, ainda que as práticas de leitura e escrita estejam mudando na escola, a língua falada continua fora desse processo, uma vez que é utilizada apenas como pano de fundo para que professor e aluno deem conta de outros eixos, de outros conteúdos. Ou seja, a fala aparece como estratégia

---

[1] A cultura letrada diz respeito ao conjunto de práticas sociais e culturais que se efetivam por meio da escrita. Para entender melhor o porquê da rejeição, devemos lembrar que a escola, agência de letramento por excelência, excluiu dos processos de acesso a essa cultura as camadas mais populares, o que terminou por promover uma certa resistência a essa cultura (ver ROJO, 2009).

[2] Trata-se da situação comunicativa como um todo: que comunica o que, para quem, com que finalidades e em que situação o evento ocorre.

[3] Estamos considerando, neste caso, os discursos de professores em encontro de formação continuada, bem como as observações realizadas em assessorias pedagógicas.

para discussão e avaliação de outras questões. Podemos visualizar isso se pensarmos no gênero *debate* muito "trabalhado" nas aulas de Língua Portuguesa para aprofundar determinado tema, pontos de vistas distintos dos alunos, mas não para analisar as características próprias da oralidade no gênero que também é misto.[4]

A ideia é, então, numa pedagogia culturalmente relevante e crítica, sair da perspectiva dicotômica entre oralidade e escrita e assumir uma prática vinculada à perspectiva de *continuum* linguístico, proposta por Marcuschi (2004). Esse linguista atenta para o fato de ser impossível não nos referirmos ao papel da fala e da escrita, enquanto práticas, na civilização contemporânea, evidenciando também a distribuição de seus usos na vida cotidiana.

Na perspectiva do *continuum*, é primordial lembrarmos que o código deixou de ser o centro. Essa mudança implica adotar a noção de língua e texto como práticas sociais. Logo, a oralidade (prática social com fins comunicativos em meio sonoro) e o letramento (entendido como prática social ligada à escrita), além de serem atividades interativas, são complementares tanto no contexto das relações sociais como no das culturais. Isso porque é em uso que as línguas se fundam.

Dessa maneira, é possível ultrapassarmos a desnaturalização dos processos de ensino e de aprendizagem, uma vez que a linguagem é construída em uso, reflete a organização da sociedade e se molda na cultura. Esta, por sua vez, diferencia o homem dos outros seres vivos, sobretudo, porque o ser humano dispõe de uma linguagem que é ao mesmo tempo articulada e simbólica (Marcuschi, 2004). Ademais, lembremos que a fala e a escrita se revelam em práticas bem específicas, além de serem modos de representação cognitiva e social. Isso não significa que sejam modos totalmente opostos de realização da linguagem.

Fala e escrita em perspectivas: o gênero lenda

Para entendermos melhor o que discutimos até o momento, vamos analisar a relação de continuidade na relação fala e escrita com base na análise do gênero *lenda*, texto que favorece o aprofundamento de ambas as modalidades. Não esquecendo que fala e escrita são formas

---

[4] Mais uma vez, retomamos nossa experiência como assessoras pedagógicas observando aulas nos mais diferentes níveis de ensino.

de produção textual-discursiva utilizadas para a comunicação entre os homens, sendo uma na modalidade oral e a outra tendo constituição gráfica, respectivamente.

Destacamos ainda que partimos do pressuposto de que é papel da escola (i) ensinar o aluno as características e funcionalidade discursiva da fala, principalmente, em instâncias públicas e (ii) levá-lo a perceber o que se faz quando se fala e sua relação com a modalidade escrita.

Antes, porém, de refletirmos sobre as mútuas influências que as duas modalidades (oral e escrita) exercem entre si, é preciso pensar sobre as seguintes questões: o que é o gênero textual *lenda*? Quais suas características estruturais e sociodiscursivas? Como temos contato com esse gênero? De que forma as lendas podem constituir um importante instrumento didático no ensino de língua? Como trabalhar, de modo significativo e na perspectiva do letramento, esse gênero nas aulas de língua materna? A seguir, tentaremos responder a essas e outras questões.

Reza a lenda que...

Mesmo fazendo parte de nosso patrimônio cultural, de nossas tradições e fazendo parte do imaginário popular – afinal quem não conhece ou nunca contou uma lenda? –, sua definição e classificação não são simples e tornam-se um desafio, principalmente, porque, por ser a lenda derivada do seu gênero preexistente, o mito, confunde-se com este. Cascudo (2006), tentando estabelecer uma distinção entre esses gêneros de tradição oral, explica que a lenda tem um *sabor* de histórias fantásticas, transmitidas de geração a geração, como herança, na tentativa de explicar o princípio de tudo. Nas suas palavras, "O indígena tudo explicava naturalmente dentro da vida assombrosa em que vivia. Estrelas, manchas negras no céu, época das enchentes, chuva, escuro da noite, animais, rios, viveram sob outra forma, entre os indígenas, há muito tempo, quando só existiam os avós das cousas..." (Cascudo, 2006, p. 104).

O mito, por sua vez, conforme esclarecem Jesus e Brandão (2003), é uma narrativa que desvenda, em um determinado momento histórico, a necessidade que o homem tem de compreender o universo e seus fenômenos. Tem também como finalidade sociocomunicativa mostrar a cultura e o pensamento do homem antigo.

Podemos afirmar então que a "constante" da *lenda* é a ação, o desenrolar de histórias que tentam explicar fenômenos da natureza (Lenda de Iaça), origem dos seres e das coisas (Lenda da mandioca, da vitória-régia), acontecimentos em um passado distante (Lenda do Baiporo – origem dos peixes), ao mesmo tempo que pode suscitar maiores reflexões sobre experiências de vida, levando ao julgamento moral, aos ensinamentos e às justificativas de punições (Lenda da mula sem cabeça ou Lenda do guaraná). Quase sempre recheadas de elementos sobrenaturais, fantásticos e medonhos, as lendas se justificam diante de um homem (primitivo) incapaz de explicar "racionalmente" o mundo a sua volta e, por isso, em um primeiro momento, tudo se vincula a poderes sobrenaturais e divinais.

Desse modo, diante do seu caráter coletivo e cultural, o gênero *lenda*, conforme defende Coelho (2003), constitui-se em um elemento de coesão social, de agregação e formação da identidade e de comportamento social de seus membros. Assim, para Joaquim Ribeiro (*apud* MOLINA-TELLEZ, 1947, p. 20), estudar a tradição popular (da qual as lendas fazem parte) é "auscultar nossos sentimentos, atitudes, nossas ambições, nossas alegrias, enfim nossa índole, em suas tendências iniciais, sinceras e espontâneas".

Por se tratar de "um mar de histórias"[5] que denota crenças, valores, ações e relatos da cultura popular, as lendas pertencem ao domínio discursivo ficcional, de tipologia, predominantemente, narrativa (relatar ações), mas também descritiva (apresentar/caracterizar as entidades, os espaços), pois, ora as lendas apresentam histórias, ora descrevem seres sobrenaturais, apresentando, normalmente, em sua estrutura os elementos básicos do texto narrativo: enredo, personagens, espaço, tempo, clímax.

Ao tomar como base as explicações de Koch e Elias (2009), podemos identificar, nas sequências narrativas desse gênero, a presença de sucessão temporal e causal de eventos, isto é, uma situação inicial e uma situação final; frases declarativas; verbos predominantemente do modo indicativo e tempos pretéritos; como também advérbios e expressões adverbiais temporais, causais e locativas, ajudando o leitor a se reportar ao mundo fantástico e imaginário; além de, evidentemente,

---

[5] Expressão usada em sânscrito para se referir ao universo das narrativas.

adjetivos e locuções adjetivas para caracterizar, nomear e determinar as personagens. A fim de contribuir para o aspecto sobrenatural, fantástico e mítico das narrativas lendárias, e da construção literária, há uma grande presença de figuras de linguagem, tais como hipérbole, comparação, personificação, metáforas, e de expressões modalizadoras: *Reza a lenda..., a lenda conta que..., Segundo a lenda...*, que auxiliam no processo interlocutivo e contextualizam os ouvintes/leitores para a função comunicativa do gênero, ou seja, convida-os para jogarem o jogo da ficção, do fantasioso, de compreender a realidade por outro ângulo e aceitar o mítico/o fantástico como verossímil. Aliás, segundo Adam (1997 *apud* Coelho, 2003), é característica desse tipo de narrativa a coexistência desse "jogo" entre mundos distintos: de um lado, o mundo real, no qual existe um enigma para resolver (por que chove? Por que existe arco-íris? Qual a origem da mandioca e de outros elementos da natureza?); do outro, o mundo fictício, no qual é elaborada uma resposta para esse enigma.

Podemos, ainda, destacar que nossas narrativas míticas foram trazidas e também são constituídas de elementos da cultura dos povos indígena, português e africano. Isso explica seu caráter coletivo. Para Cascudo (2006, p. 112), "a lenda explica qualquer origem e forma local, indicando a razão de um hábito coletivo, superstição, costume transfigurado em ato religioso". Desse modo, são próprias da constituição desse gênero as transformações e as variações que encontramos em muitas lendas devido a influências de diferentes culturas e da passagem do tempo. E, na visão de Guimarães (2003), essas transformações não são apenas aspectos da sua essência, mas também colaboram para que essas narrativas persistam por séculos, ou seja, é porque se renovam frente às diferentes culturais que sobrevivem.

O gênero lenda no continuum da relação fala/escrita

Como já afirmamos anteriormente, a origem dessas narrativas, de cunho popular, encontra-se em tradições orais de circulação e são pertencentes, conforme classifica Bakthin (1992), à classe dos gêneros primários. Tal categoria de textos primários está, segundo autor, relacionada aos contextos imediatos e espontâneos de produção, ou seja, em situações de diálogos orais, familiares e cotidianos. Para Guimarães (2003), essa literatura oral era destinada a um público que não sabia ler, mas que dominava a técnica da exposição da própria narrativa. Aliás, como definiu Sébillot (1913, *apud* CASCUDO, 2006), a literatura oral representa/substitui, para aqueles que não leem, as produções literárias. Assim, os textos orais são típicos de reuniões junto à lareira, em frente à casa, na praça da cidade, em rodas de conversa e brincadeiras infantis, à noitinha, isto é, ao final da lida diária, em contextos domésticos de interação social.

Contudo, mesmo tendo sua origem na oralidade, hoje, sua principal forma de circulação é por escrito. A tradição cultural de contar e ouvir histórias assume novas perspectivas, uma vez que o desenvolvimento industrial alterou as relações entre os sujeitos e o projeto de modernidade – proposto/pensado por grandes filósofos e cientistas em meados do século XVII, o qual enaltecia a busca pelo conhecimento e o domínio da realidade de modo preciso, científico, comprobatório e racional –, levando o homem a um individualismo, isolamento e pragmatismo acentuados. Sobre isso Evaristo (2003, p. 120) comenta que

> [...] as experiências não são mais comunicáveis, as trocas humanas caminham para a extinção. Com isso, a narração de histórias tende ao mesmo fim. Com o isolamento do indivíduo, o contador de histórias, que retira o que conta de sua própria experiência ou da dos outros, perde seu lugar. As relações educativas e comunitárias vão aos poucos perdendo seu valor, até chegar à atual sociedade de consumo, na qual a exacerbação do individual chega ao seu ápice.

Diante dessa nova realidade, as lendas nos chegam, em sua maioria, por meio da leitura, a partir de um movimento, praticamente, de transposição do oral para o escrito. Lemos e oralizamos mais as narrativas lendárias, do que as produzimos oralmente por meio da contação. Com isso, podemos afirmar que se trata de um gênero intermediário entre a oralidade e a escrita, uma vez que mantém algumas marcas da oralidade nos textos impressos. Evidentemente que não estamos afirmando que o costume de contar/ouvir narrativas populares não faça mais parte das nossas situações sociais de interação. Prova disso é o fato de crianças ainda não alfabetizadas chegarem à escola com essa prática de letramento. Certamente, ouviram histórias e lendas de familiares ou pessoas próximas. Porém, tal hábito tem em sua estrutura atual aspectos diferenciados de seu contexto inicial de produção, inclusive sua divulgação por meio da mídia e da Internet.

Concordamos com Marcuschi (2005b), ao afirmar que o ensino da língua deve voltar-se para as relações entre oralidade e escrita dentro de um contínuo de textos orais e escritos e tendo como elemento chave os gêneros textuais, ou seja, as diferentes formas de produção sociodiscursiva. Soma-se a isso a compreensão de que a lenda faz parte dos chamados gêneros mistos ou híbridos, em relação à modalidade de funcionamento. Acreditamos que, assim, justificamos as reflexões que faremos, a partir de agora, das relações sistemáticas entre oralidade e escrita e suas influências mútuas.

Sabemos que a lenda é um gênero originariamente oral, logo, carrega suas características formais. Entre elas, podemos destacar seu caráter *dialógico*, uma vez que as histórias narradas dialogam com outras já produzidas, no sentido em que reestrutura o que já ouviu/ leu e acrescenta algo novo, e *interativo* por excelência, por isso a exigência de uma postura cooperativa e direta entre seus interlocutores, ligados a uma produção em tempo real e à presença física. Assim, os contos de tradição popular, tal como enfatiza Guimarães (2003), não devem ser vistos como um fato individual, ou seja, a partir apenas do seu narrador, mas como uma produção textual que tenta se adequar a um interlocutor real, presente no momento da enunciação, que varia conforme o grupo, os contextos sociais de comunicação, o grau de intimidade, publicidade, entre outros.

Por ser uma narrativa literária, serve-se de maneira abundante das estratégias orais de narrar (cf. Marcuschi, 2005b). Portanto, prender a atenção dos ouvintes e contagiá-los é condição *sine qua non* para a produção de sentido nesse gênero. Para tanto, o narrador deve utilizar-se de diferentes aspectos paralinguísticos e cinésicos no momento da contação ou leitura em voz alta: (i) inflexões de voz, representando os diferentes personagens, as sucessivas fases da história, as diferentes sensações que se pretende despertar no ouvinte (medo, alívio, curiosidade, etc.), a prosódia (entonação, ritmo, timbre); (ii) organização da gestualidade, das expressões fisionômicas e uso de mímicas como recurso simbólico para apreender melhor o sentido do texto que está sendo narrado; (iii) alongamento de vogais e consoantes, soletração. Essas considerações nos mostram o quanto a narrativa oral ressalta o traço fônico, e não o gráfico, como na escrita. Porém, tão importante quanto identificar essas marcas é entender sua relação com a presença do interlocutor (GUIMARÃES, 2003).

Por outro lado, a língua escrita, assim como acabamos de apontar na oralidade, também é multissistêmica, dito de outro modo, também se serve de diferentes linguagens, por exemplo, cor, estilo e tamanho das letras, distintos sinais de pontuação, símbolos, escrita diferenciada de palavras (repetição de letras), onomatopeias, ícones, entre outras. Desse modo, para dar conta de alguns recursos expressivos próprios da fala, o narrador lança mão destes para garantir os efeitos de sentido que deseja construir.

Acreditamos que a comparação entre o funcionamento do mesmo gênero ou do mesmo texto, nas duas modalidades de uso da língua, seria uma excelente estratégia de compreensão sobre o discurso narrativo e, principalmente, sobre os usos e o funcionamento da língua. Vemos em Fávero, Andrade e Aquino (2000, p. 83) uma defesa nesse sentido, pois as autoras argumentam que "uma aplicação de atividades de observação que envolvem a organização de textos falados e escritos permite que os alunos cheguem à percepção de como efetivamente se realizam, se constroem e se reformulam esses textos", pois, como afirmam as autoras Cavalcante e Marcuschi (2005, p. 135), formular perguntas que analisem os textos de modo comparativo, certamente, será uma estratégia significativa para auxiliar alunos e professor nos processos de ensino e aprendizagem da língua escrita e falada. A título de exemplificação, apresentamos algumas possibilidades: *a lenda na oralidade e na escrita, em que se aproximam e em que se distanciam? Linguisticamente, configuram-se da mesma maneira? Têm as mesmas características e propósitos comunicativos?*

Ainda discutindo sobre aspectos da narrativa literária, tendo, agora, em vista o foco narrativo, podemos destacar que o narrador/contador, para expressar a produção de uma coletividade, faz uso do discurso em terceira pessoa, tendendo para a linguagem objetiva. Utiliza a moral social para direcionar sua fala, além de apoiar-se em modalizadores discursivos, tais como *reza a lenda..., conta a lenda...,* para orientar seu leitor/ouvinte a deslocar-se para o contexto de interação. Em relação aos usos de modalizadores nos diferentes discursos, Dionísio e Hoffnagel (2005, p. 117) esclarecem que esse recurso "expressa as atitudes ou posições de falantes e escritores em relação a si próprios, em relação a seus interlocutores e em relação ao tópico do seu discurso". São aspectos linguísticos utilizados pelo locutor a fim de indicar como deseja que seu texto seja interpretado/compreendido.

Outro recurso comum nessas narrativas é a repetição, estratégia que, de acordo com essas autoras, contribui para a organização discursiva e favorece a interação e a progressão textual, além de ajudar, em alguns contextos, o interlocutor a ter um tempo maior para processar o que é dito/narrado e acompanhar de forma competente o desenvolvimento narrativo. Tem a função também de contribuir para a coerência textual e a organização tópica. As autoras, citando Marcuschi (1996, p. 95-96), esclarecem: "Na fala, onde nada se apaga, a repetição faz parte do processo de edição. Sua presença na superfície do texto falado é alta, constatando-se que, a cada cinco palavras em média, uma é repetida. É por isso que a repetição tem avaliação e papel diverso na fala que na escrita" (DIONÍSIO; HOFFNAGEL, 2005, p. 114).

Contudo, repetir não faz parte apenas da oralidade, embora seja mais frequente nesta. A repetição também se faz presente na escrita, desempenhando importante recurso persuasivo, retórico, além de contribuir para a construção de sentido e para possível eliminação de ambiguidade. Nas lendas escritas, por exemplo, poderíamos destacar a repetição como recurso argumentativo para a aceitação da sua moral ou ensinamento e na construção do seu caráter normativo. Um exemplo é a lenda da Cumadre Fulozinha, que pune e castiga aqueles que fazem mal à natureza e aos animais, ou a lenda do guaraná, na qual a desobediência leva a personagem à morte.

Seguindo Marcuschi (2004), defendemos a posição de que as duas modalidades (fala e escrita) se relacionam numa gradação de semelhanças e diferenças e que estas não são da ordem do sistema, mas do funcionamento. Sendo assim, vendo a língua em seu contexto comunicativo, podemos destacar, em relação aos recursos discursivos, linguísticos e gramaticais utilizados nas lendas orais, a recorrência de frases curtas e o uso constante de repetições, tornando o texto mais longo; a predominância de verbos e substantivos a fim de estabelecer uma economia linguística; um planejamento menor devido à simultaneidade da produção; a presença de sequências oracionais justapostas sem ligação (conexão) na modalidade oral. Por sua vez, nas produções escritas, percebemos textos mais longos; a presença de adjetivos atributivos; escolha lexical mais variada, principalmente devido ao planejamento anterior e à possibilidade de revisão.

Não obstante, questões referentes à informalidade, ao uso da língua não padrão, à preferência pelo discurso direto não possuem diferenças significativas entre as duas modalidades. Ou seja, tanto na oralidade quanto na escrita, tais aspectos linguísticos aparecem, demonstrando, assim, conforme prevê Marcuschi (2004), que essas variações não são intrínsecas à modalidade de uso da língua, mas fazem parte dos contextos de produção e se configuram de acordo com os gêneros textuais. Portanto, podemos afirmar que é próprio desse gênero reproduzir contextos informais e não normativos da língua, uma vez que está inserido em situações coloquiais e espontâneas de interação (na fala) e tende a reproduzir tais situações, escolhendo estruturas não formais da língua (na escrita).

Por fim, mas não esgotando todas as possibilidades de análise, entendemos que refletir, em sala de aula, sobre alguns fenômenos linguísticos mais recorrentes na oralidade, tais como: (i) a supressão de determinadas sílabas de alguns vocábulos e a redução palavras, como *pro, pra, vô, tiver, tá; (ii)* a diminuição no uso de marcas de plural, de gênero da palavra, de flexões verbais e tantas outras formas de concordância; (iii) a presença de marcadores conversacionais (né, então, aí, hum, ahan); (iv) a ausência de títulos, certamente proporcionará aos alunos compreender que a formulação textual se diversifica em relação às modalidades de uso da língua, que a escrita não é uma representação fonêmica da fala nem superior ou mais complexa do que esta e que ambas as modalidades se influenciam.

O ensino sistemático da língua falada: possibilidades

Uma vez mostradas as influências mútuas entre fala e escrita, parece-nos pertinente refletirmos sobre algumas características próprias da língua falada para nos situarmos melhor nos aspectos a serem sistematizados no ensino-aprendizagem desse tópico. Algumas das especificidades levantadas aqui são aprofundadas no capítulo 3, que trata das regras da língua falada, escrito pelas professoras Ana Lima e Normanda Beserra.

É importante lembrarmos que a fala possui uma gramática própria com uma colocação pronominal específica, além do uso dos chamados pronomes-lembrete, que nada mais são do que, na verdade, uma estratégia de repetição, bastante recorrente na fala. A fala é a modalidade de uso da língua em que o texto é organizado de forma macro (tópico e comentário).[6] Contudo, não podemos nos esquecer de que tais aspectos devem ser observados e analisados de acordo com a situação na qual estejam inseridos, sendo considerado também o gênero em questão. Ao analisar as estratégias verbais do comunicador, Xavier (2006) recorreu aos elementos linguísticos fundamentais na ancoragem da interação telefônica (repetição, marcador conversacional e marcador de envolvimento), aspectos essenciais ao entendimento linguístico, trazidos de Gumperz (1982), mas vistos nas especificidades da comunicação entre o ouvinte (rádio) e o comunicador.

Nesse sentido, o que precisa ficar claro é que o texto falado não está isento de organização, nem de planejamento, nem, muito menos, de reformulação e normatividade. Posto isso, é preciso não perder de vista que, no ensino-aprendizagem da fala, são essenciais os processos de coleta de dados e transcrição. Tais aspectos implicam tomadas de decisões fundamentais, como definição do objeto de estudo (gênero textual), dos procedimentos de coleta desse objeto e das técnicas de transcrição, entre outros.

No que se refere à coleta de dados na língua falada, Marcuschi (2004) enfatiza a importância não só do coletar, mas também do como coletar (o linguista sugere a gravação em áudio e/ou áudio/vídeo) sem perder de vista o interesse por textos reais. Daí porque não se devem utilizar obras literárias, filmes, peças teatrais, novelas de TV, a não ser que o objetivo seja também de mostrar as particularidades de determinada

---

[6] De acordo com Koch e Elias (2009), o *tópico* corresponde à informação velha (ao sintagma nominal que dá início à comunicação); já o *comentário* seria a informação nova, ou seja, o desenvolvimento da informação velha que, normalmente, corresponde ao sujeito e predicado da oração.

obra ou sua relação com a modalidade escrita da língua, como foi o nosso caso ao elegermos o gênero *lenda* para nossa reflexão.

Em relação aos procedimentos para transcrição, também recorremos ao que propõe Marcuschi (2005a) para a análise da conversação, ou seja, devemos considerar o sistema ortográfico, seguir a escrita padrão (podendo representa a produção real, sobretudo, se o objetivo for analisar a variação, por exemplo), utilizar uma sequenciação que facilite a visualização do conjunto e indicar os falantes com siglas (por questões éticas. Daí porque, em sala, o desenvolvimento de uma relação amistosa entre os alunos e entre estes e o professor favorece significativamente o processo de ensino-aprendizagem da fala).

Para sistematizar o ensino da língua falada: alguns procedimentos

Aceitando que a língua falada apresenta uma constituição bem semelhante à escrita, como abertura, desenvolvimento e fechamento, fica mais fácil pensarmos uma sistematização que contemple o processo de planejamento, realização e reformulação da fala. Logo, no ensino da língua oral, o professor também deve atentar para as especificidades da modalidade escolhida, ou seja, deve considerar as limitações e os recursos do texto em questão, o uso de repetições e os efeitos produzidos por essa estratégia de construção textual-discursiva, a distribuição das unidades, se curtas ou longas, a utilização e os efeitos produzidos pelos marcadores conversacionais, pelas interrupções e pelo uso de anafóricos e expressões explícitas.

Esse olhar que estamos tentando estabelecer por uma noção de língua falada e suas características é consequência de uma concepção que defende que é função da escola levar o aluno a perceber o que se faz quando se fala e a sua relação com a escrita (cf. MARCUSCHI, 2005b), assim como também ensinar a linguagem e seus aspectos constitutivos em instâncias públicas de interação comunicativa.

Ainda para Marcuschi (2005b), a fala não deve ser vista na perspectiva de produto estático, e sim como uma atividade de textualização, com características dinâmicas, que envolve estratégias típicas do ponto de vista da formulação, e que a diferença entre linguagem falada e linguagem escrita não equivale a uma distinção entre som e grafia. A noção de língua falada envolve processamentos linguísticos muito complexos que vão além da sonoridade. Ressalta-se também que essas modalidades de uso da língua não se opõem de forma dicotômica nem são produções em situações polares (cf. BRASIL, 1998).

É importante destacar que considerar a linguagem falada necessariamente dialogada, não planejada, lugar do caos, descontextualizada, enquanto a escrita seria contextualizada, obrigatoriamente formal e lugar da variação além de imprecisa e fragmentária, é um equívoco ou, no mínimo, algo contestável. Tanto em termos de uso como de aspectos linguísticos, fala e escrita mantêm relações muito próximas mais do que se admitia (MARCUSCHI, 2004).

O pressuposto central defendido neste capítulo é a necessidade e a importância de se trabalhar com gêneros textuais da modalidade oral de língua em ações pedagógicas que garantam atividades sistemáticas de fala, escuta e reflexão de variados textos orais, observando os usos, os tipos de formalidade e as finalidades comunicativas e respeitando as expressões orais trazidas pelos alunos. É preciso reconhecer que a língua é uma atividade interativa e discursiva e, uma vez que interagimos e participamos de diferentes práticas discursivas, em muitas delas fazendo uso da fala, não devemos promover apenas atividades didáticas que privilegiem a modalidade escrita e sem atentar para suas relações com a oralidade.

Além disso, conforme temos argumentado, os gêneros da modalidade oral, além de objetos de uso, isto é, estarem presentes nas interações de sala de aula, precisam ser objetos de ensino e aprendizagem. Não basta promover debates, seminários, entrevistas, momentos de contação de histórias, é necessário oferecer aos alunos subsídios suficientes para refletir sobre essas produções.

Tendo em conta esses princípios, entendemos que as atividades de linguagem falada devem-se encaminhar para um trabalho que envolva a construção de saberes relativos aos gêneros orais usados em situações formais públicas. Não é suficiente deixar os alunos falando sem que haja uma atividade contextualizada em projetos de estudo e em trabalhos de análise e reflexão, com finalidades e objetivos bem definidos que vão ao encontro das reais necessidades desses alunos em situações significativas de produção e compreensão textual.

Dessa forma, podem-se trabalhar, na escola, conteúdos e atividades que contemplem questões como: variação linguística, formalidade/informalidade, características da língua falada e da língua escrita, caracterização de gêneros da modalidade oral, relações de causa e efeito, adequação vocabular, percepção de elementos como humor, ironia, intencionalidade discursiva, elementos próprios da linguagem verbal e não verbal. Em outras palavras, analisar de modo sistemático e gradativo os gêneros orais em seus aspectos extralinguísticos, linguísticos e paralinguísticos e cinésicos. Para tanto, o gênero textual *lenda* se apresenta como excelente material discursivo para a realização de atividades no eixo da oralidade.

Entre muitos aspectos de análise e atividades didáticas, podemos destacar o estudo e a reflexão sobre a relação dos aspectos paralinguísticos e cinésicos na produção de sentido do texto. Isto é, de que forma a qualidade da voz, a elocução, a prosódia, os gestos, as expressões faciais, entre outros, influenciam a interação e a construção de sentido e como esses aspectos contribuem para a estrutura do gênero e para sua função sociocomunicativa (explicação de fenômenos, o caráter aterrorizante, moralizante). Outro aspecto é reconhecer e compreender, por meio do contato com produções narrativas e se utilizando, também, de aspectos linguísticos (marcadores conversacionais, expressões prontas, paráfrases, etc.), como narrar os fatos, respeitando a temporalidade e registrando as relações de causa e efeito; além de tal proposta possibilitar contato com sequências tipológicas adequadas para relatar os fatos e descrever ambientes, coisas, pessoas, etc. Sabemos que um bom contador de histórias é aquele que, a partir das pistas dadas pelos seus ouvintes, consegue recorrer a esses diferentes recursos para que o mágico, o lúdico, o mítico nunca saiam de cena. Logo, são necessários, na sala de aula, espaços/momentos para essas atuações de forma reflexiva e sistemática.

Como é possível perceber, a partir do gênero textual *lenda*, as possibilidades e as habilidades que podemos desenvolver e trabalhar são muitas, sobretudo quando investigamos a oralidade em sala de aula e sua(s) interface(s) com a escrita.

Para continuarmos nossa conversa, podemos explicitar e explorar alguns desses aspectos, tomando como referência a lenda do *Boitatá,* cuja origem é indígena e tem seu primeiro registro associado ao padre Antônio Vieira, o qual o denominou com o termo (coisa de fogo) e o descreveu como uma gigantesca cobra de fogo ondulada, com olhos que pareciam faróis e couro transparente. Foi essa imagem que se consagrou no imaginário popular. Eis, a seguir, uma versão dessa história fantástica:

> Conta a lenda que houve um período de noite sem fim nas matas. Além da escuridão, houve uma enorme enchente causada por chuvas torrenciais. Assustados, os animais correram para um ponto mais elevado a fim de se protegerem. A *boiguaçu* (cobra grande), uma cobra que vivia numa gruta escura, acorda com a inundação faminta. Decide sair em busca de alimento, com a vantagem de ser o único bicho acostumado a enxergar na escuridão. Decide comer a parte que mais lhe apetecia, os olhos dos animais. E, de tanto comê-los, vai ficando toda luminosa, cheia de luz de todos esses olhos. O seu corpo transforma-se em um conjunto de pupilas rutilantes, uma bola de fogo, um clarão vivo, *a boitatá* (cobra de fogo). Ao mesmo tempo, sua pouca alimentação deixa a *boiguaçu* muito fraca. Ela morre e reaparece nas matas serpenteando luminosa. Quem encontrar esse ser fantástico nas campinas, pode ficar cego, morrer ou até enlouquecer. Assim, para evitar o desastre, os homens acreditam que têm que ficar parados, sem respirar e de olhos bem fechados. A tentativa de escapulir apresenta riscos porque *a boitatá* pode imaginar a fuga de alguém que ateou fogo nas matas.
>
> No Rio Grande do Sul, acredita-se que *a boitatá* é a protetora das matas e das campinas. A ciência diz que existe um fenômeno chamado *Fogo-fátuo*, que são os gases inflamáveis que emanam dos pântanos, sepulturas e carcaças de grandes animais mortos, e que visto de longe parecem grandes tochas em movimento.

A lenda é contada na ordem cronológica dos acontecimentos e segue a estrutura canônica da sequência narrativa: *introduz* o enredo, contextualizando o fato e a personagem (período de escuridão sem fim e uma enorme enchente que desperta uma grande cobra que vivia numa gruta), a *complicação* se dá por meio desse despertamento e da necessidade de procurar comida, visto que estava faminta; *o clímax* ocorre com a sua transformação em uma cobra de fogo, uma vez que comia os olhos – cheios de luz – dos animais. Isso também levava a seu enfraquecimento. Tais fatos organizam a narrativa para sua situação final, ou *desfecho*, com a morte da cobra e sua reaparição na mata em forma de serpente de luz.

Assim, por seu caráter narrativo, ocorre a passagem de um estado ou situação inicial para outro/situação final, isto é, a transformação de uma grande cobra em uma cobra de fogo por meio de acontecimentos encadeados. Brandão (2003) chama a atenção para os estudos da tipologia textual ao concordar que compreender as diferenças de construção dos esquemas textuais prototípicos é necessário para a formação de leitores e escritores proficientes. Nas suas palavras:

> Uma abordagem que privilegie a interação não pode estudar o texto de forma indiferenciada, em que, qualquer que seja o texto, vale o mesmo modo de aproximação. Uma abordagem que privilegie a interação deve reconhecer tipos diferentes de textos, com diferentes formas de textualização, visando a diferentes situações de interlocução (p. 18).

Vemos claramente o desejo indígena de compreender e explicar naturalmente a realidade física e material que estava a sua volta, tão corriqueira, mas, ao mesmo tempo, tão fantástica e misteriosa (as estrelas, a chuva, os trovões, o arco-íris, o dia e a noite, o fogo, etc.). É fundamental na lenda, e esta não foge à regra, sua finalidade de explicar a origem e os fenômenos que não se compreende, como o fogo ou, de modo mais local, o elemento do fogo-fátuo para aquele povo/cultura. É fundamental ainda seu caráter medonho e punitivo ou moralizante. Medonho por suas características sobrenaturais e porque encontrar a boitatá é sinal de grande perigo, já que podemos ficar cegos, enlouquecidos ou até sermos mortos. Punitivo porque, por ser protetora das florestas e campinas, castiga aqueles que incendeiam as matas. Pelo fato de o foco narrativo estar em terceira pessoa, isso lhe confere uma voz coletiva, aspecto inerente a esse gênero.

Quanto à linguagem, esta apresenta uma estrutura que se aproxima muito dos contextos orais de produção: informalidade, concisão, discurso direto, frases curtas. Os elementos narrativos são apresentados sem muitas descrições e explicações. O que sustenta essa economia linguística são os substantivos e os verbos de ação. Por sua vez, os adjetivos, as locuções adjetivas e figuras de linguagem (metáforas e prosopopeias) servem para caracterizar e qualificar a personagem principal, além de conferir à lenda sua essência fantástica e valorativa (uma cobra grande, iluminada, magnífica, poderosa e protetora).

Podemos ainda perceber que as escolhas lexicais, tanto dos adjetivos quanto das conjunções e locuções prepositivas (de tanto, ao mesmo tempo, assim, além de) contribuem para a construção da argumentatividade do texto e da sua progressão. A argumentação (ou conclusões desejadas) reside, principalmente, na capacidade que a cobra de fogo possui para proteger a floresta contra incêndios, como também para punir aqueles que fazem mal à natureza. Eis a função do gênero textual *lenda*. E a progressão, em grande parte, dá-se com a introdução de novos referentes, novos episódios, estabelecendo mudança de um estado inicial para um final e o desenvolvimento do tema (explicação de um fenômeno natural e o aspecto sobrenatural desse ser).

Por fim, a presença da expressão modalizadora *Conta a lenda...* assume dois importantes papéis. O primeiro, instalar uma expectativa positiva para o que vai ser narrado, como também estimular o leitor/ouvinte a antecipar os conhecimentos sobre a estrutura e função dessa narrativa literária. Já o segundo papel é prender a atenção dos seus interlocutores a ponto de mobilizá-los a estar atentos e participativos no jogo da ficção, do fantasioso.

Bakhtin (1992) defende que a enunciação, mesmo que realizada por um sujeito individualmente, é, do ponto de vista do seu conteúdo e da sua estrutura, organizada fora do indivíduo pelas condições extratextuais do meio social. Assim, se, em vez de lermos esse texto silenciosamente, oralizássemos ou contássemos, o faríamos lançando mão de recursos para prender a atenção dos ouvintes e contagiá-los a uma participação apreciativa e entusiasmada. Para tanto, utilizaríamos inflexões de voz, modulações melódicas, entonação, gestos, expressões faciais não apenas para manter os ouvintes atentos, mas para produzir sentido, afinal o texto "A lenda do boitatá" é carregado de suspense, elemento surpresa, aspecto medonho/fantasioso, exagero, descrição, julgamento, etc. Esses meios paralinguísticos, cinésicos, extralinguísticos são necessários para dar vida à história e, por que não, um caráter literário.

Essa compreensão nos leva a desenvolver, a partir dessa lenda, por exemplo, atividades reflexivas e contextualizadas que contemplem a importância de imprimir e utilizar esses meios para conferir o suspense presente na descrição de um ambiente escuro, sombrio, chuvoso, que serve de cenário para um ser enorme e faminto. Ou então compreender como os gestos, os movimentos, as mímicas faciais podem exprimir a caça vivenciada pela personagem e a sua delirante transformação em uma grande bola de fogo. Ou ainda entender como as pausas, a respiração, os olhares e a entonação sugerem o aterrorizante encontro com esse ser encantado e o recebimento do seu castigo.

Por fim, podemos pensar estratégias do tipo: ler a lenda ou escutá-la, realizando, inclusive, uma reflexão de compreensão leitora e, em seguida, recontá-la ou contar outra lenda. Ou ainda fazer o movimento inverso, isto é, escutar a contação de uma lenda e passá-la para o texto escrito. Tais atividades exigirão dos alunos comportamentos e recursos cognitivos distintos, mas, sobretudo, complexos e linguisticamente específicos, fazendo-os perceber que essas especificidades estão na perspectiva do gênero e dos contextos de produção e se dão dentro de um *continuum* tipológico das práticas sociais de uso da língua.

Entendemos que análises e comparações como estas, além de produzirem um cenário lúdico e prazeroso nas atividades escolares, proporcionam intervenções didáticas significativas e funcionais para o conhecimento e o domínio, por parte do aprendiz, da língua materna, tanto na sua modalidade oral quanto escrita.

Considerações finais

Os estudos sobre a modalidade oral da língua têm muito a contribuir para a formação de sujeitos autônomos e competentes em diferentes contextos de uso da língua. Propor questões e análises sobre variação, noção de língua padrão, registro, adequação, níveis de uso da língua, as relações mútuas e diferenciadas entre escrita e fala e a influência desta naquela parece riquíssimo para o desenvolvimento da capacidade de produção escrita e oral, de competência comunicativa em diferentes contextos de uso da língua, na diminuição do preconceito linguístico e tantos outros.

É preciso ainda levar os alunos não apenas a reconhecer e dominar as características e propósitos comunicativos dos diferentes textos orais dentro e fora da escola, mas a refletir e compreender os aspectos linguísticos, paralinguísticos e extralinguísticos que colaboram para a estrutura desses gêneros e para a produção de sentido, além de conceber uma relação mais dialética entre a oralidade e o letramento.

Referências

BAGNO, Marcos. *Preconceito linguístico*: o que é e como se faz? São Paulo: Edições Loyola, 1999.

BAKHTIN, Mikhail. *Estética da criação verbal*. São Paulo: Martins Fontes, 1992.

BEAUGRANDE, R. de.*New fundations for science of text and discurse*: cognition, communication, and the freedom of access to knowledge and society. Norwood: Ablex, 1997.

BRANDÃO, Helena Negamine. Texto, gêneros do discurso e ensino. In: BRANDÃO, Helena Negamine. *Gêneros do discurso na escola*: mito, conto, cordel, discurso político, divulgação científica. 4. ed. São Paulo: Cortez, 2003. p. 17-45.

BRASIL. SEF/MEC. *Parâmetros curriculares nacionais*; língua portuguesa – 1ª. a 4ª. Série. Brasília. SEF/MEC, 1998.

CASCUDO, Luis da Câmara. *Literatura oral no Brasil*. 2. ed. São Paulo: Global, 2006.

CASTILHO, Ataliba Teixeira de. *A língua falada no ensino de português*. São Paulo: Contexto, 1998.

CAVALCANTE, Marianne; MARCUSCHI, Beth. Formas de observação da oralidade e da escrita em gêneros diversos. In: MARCUSCHI, Luiz Antonio; DIONÍSIO, Angela Paiva. *Fala e escrita*. Belo Horizonte: Autêntica, 2005. p.123-143.

COELHO, Maria do Carmo Pereira. *As narrações da cultura indígena da Amazônia*: lenda e histórias. Tese (Doutorado em Linguística Aplicada e Estudos da Linguagem) – Faculdade de Letras, Pontifícia Universidade Católica de São Paulo, São Paulo, 2003.

DIONÍSIO, Angela Paiva; HOFFNAGEL, Judith. Estratégias de textualização na fala e na escrita. In: MARCUSCHI, Luiz Antonio; DIONÍSIO, Angela Paiva. *Fala e escrita*. Belo Horizonte: Autêntica, 2005. p. 57-84.

DOLZ, Joaquim; SCHNEUWLY, Bernard. *Gêneros orais e escritos na escola*. Campinas: Mercado de Letras, 2004. p. 41-70.

EVARISTO, Marcela Cristina. O cordel em sala de aula. In: BRANDÃO, Helena Negamine (Org.).*Gêneros do discurso na escola*: mito, conto, cordel, discurso político, divulgação científica. 4. ed. São Paulo: Cortez, 2003. p.119-184.

FAVERO, Leonor Lopes; ANDRADE, Maria Lúcia; AQUINO, Zilda. *Oralidade e escrita*: perspectivas para o ensino de língua materna. São Paulo: Cortez, 2000.

GUIMARÃES, Maria Flora. O conto popular. In: BRANDÃO, Helena Negamine (Org.). *Gêneros do discurso na escola*: mito, conto, cordel, discurso político, divulgação científica. 4. ed. São Paulo: Cortez, 2003. p. 85-117.

GUMPERZ, John J. *Discourse strategies*. Cambridge: Cambridge University Press, 1982.

JESUS, Luciana Maria; BRANDÃO, Helena Negamine. Mito e tradição indígena. In: BRANDÃO, Helena Negamine (Org.). *Gêneros do discurso na escola*: mito, conto, cordel, discurso político, divulgação científica. 4. ed. São Paulo: Cortez, 2003. p. 47-84.

KLEIMAN, Angela B. O que é letramento? Modelos de letramento e as práticas de alfabetização na escola. In: KLEIMAN, Angela B. (Org.). *Os significados do letramento*: uma perspectiva sobre a prática social da escrita.Campinas: Mercado de Letras, 1995. p. 15-61.

KOCH, Ingedore Villaça; ELIAS, Vanda Maria. *Ler e escrever*: estratégias de produção textual. São Paulo: Contexto, 2009.

MARCUSCHI, Luiz Antonio. *Da fala para a escrita*: atividades de retextualização. São Paulo: Cortez, 2004.

MARCUSCHI, Luiz Antonio. *Análise da conversação*. São Paulo: Ática, 2005a.

MARCUSCHI, Luiz Antonio. A oralidade no contexto dos usos linguísticos: caracterizando a fala. In: MARCUSCHI, Luiz Antonio; DIONÍSIO, Angela Paiva. *Fala e escrita*. Belo Horizonte: Autêntica, 2005b. p. 57-84.

MARCUSCHI, Luiz Antonio. Oralidade e letramento como práticas sociais. In: MARCUSCHI, Luiz Antonio; DIONÍSIO, Angela Paiva. *Fala e escrita*. Belo Horizonte: Autêntica, 2005c.p. 31-56.

MOLINA-TELLEZ, Felix. *El mito, laleyenda y elhombre*: usos y costumbres del folklore. Buenos Aires: Claridad, 1947.

NEVES, Maria Helena de Moura. Língua falada, língua escrita e ensino: reflexões em torno do tema. In: URBANO, Hudinilson*et al.* (Org.).*Dino Preti e seus temas*: oralidade, literatura, mídia e ensino. São Paulo: Cortez, 2001. p. 321-332.

PRETI, Dino (Org.). *Análise de textos orais*. São Paulo: FFLCH-USP, 1993.

PRETI, Dino. *O discurso oral culto*. São Paulo: Humanitas, 1997.

PRETI, Dino. *Interação na fala e na escrita*. São Paulo: Humanitas/FFLCH/USP, 2002.

ROJO, Roxane. *Letramentos múltiplos, escola e inclusão social*. São Paulo: Parábola Editorial, 2009.

SCRIBNER, S.; COLE, M. *The psichology of literacy*. Cambridge: Harvard University Press, 1981.

STREET, B. V. *Literacy in theory and practice*. Cambridge: Cambridge University Press, 1984.

XAVIER, Antonio Carlos. *A linguagem do rádio*. São Paulo: Respel, 2006.

Capítulo 8

O gênero *seminário*: habilidades a serem desenvolvidas e o papel da mediação docente

Julliane Campelo do Nascimento

Leila Nascimento da Silva

Marineusa Alvino da Silva Lima

Neste capítulo, buscamos refletir sobre as habilidades orais que podem ser desenvolvidas nos alunos por meio de um trabalho sistemático com o gênero *seminário* e o papel da mediação docente nesse processo de ensino-aprendizagem. Para isso, vamos apresentar e discutir uma experiência de ensino realizada em uma turma do 5º ano do Ensino Fundamental envolvendo o gênero oral em questão. Analisaremos as intervenções pedagógicas da professora ao longo da vivência de uma sequência didática, identificando alguns conhecimentos que foram explorados com os alunos no eixo da oralidade, tais como: escutar com atenção, esperar a vez de falar, manter postura adequada à situação, falar com boa entonação, planejar a fala, utilizar expressões linguísticas co-muns em práticas de seminários, interagir com os ouvintes, entre outros.

A oralidade e o ensino escolar

A oralidade constitui um dos eixos que deve ser explorado de forma sistemática na sala de aula. Porém, estudos apontam que ela não vem recebendo as atenções necessárias e com isso muitas habilidades orais deixam de ser abordadas (DOLZ; SCHNEUWLY; HALLER, 2004; MARCUSCHI, 2005; COSTA, 2006; LEAL; BRANDÃO; NASCIMENTO, 2010).

Historicamente, a escola tem enfatizado práticas de ensino voltadas à aprendizagem da escrita, enquanto a aprendizagem da oralidade é vista como uma aquisição "natural", desenvolvida nas vivências cotidianas dos alunos e antes mesmo de eles iniciarem o seu processo de escolarização. Subjaz a essa visão a concepção de que aprender a oralidade seria "aprender a falar", no sentido de desenvolver o aparelho fonador humano e/ou aprender a conversar informalmente.

Contudo, os estudiosos atuais que se dedicam a esta área ressaltam que desenvolver a linguagem oral vai mais além do "aprender a falar", pois envolve uma série de capacidades, conhecimentos e atitudes, tais como usar a língua falada em diferentes situações escolares e extraescolares, buscando empregar a variedade linguística adequada; planejar a fala em situações formais; participar das interações, expondo opiniões nos debates com os colegas de turma e outras pessoas. Enfim, envolve vários aspectos que nem sempre são aprendidos espontaneamente, por isso precisam ser ensinados.

Como toda a nossa interação verbal acontece por meio dos gêneros textuais – orais e escritos –, acreditamos que a maneira mais significativa e interessante de explorar as habilidades orais seria com base em um trabalho mais aprofundado com os gêneros orais. Compreendemos, então, que, assim como se caracterizam e se estudam os gêneros escritos, é possível também caracterizar os gêneros orais, ou seja, estes são passíveis de receber um tratamento didático que favoreçam as aprendizagens relacionadas ao eixo da oralidade.

Dolz, Schneuwly e Haller (2004, p. 151) se dedicam a estudar a constituição do oral como objeto de ensino e sobre esta questão afirmam que para haver um ensino sistemático é preciso "definir claramente as características do oral a ser ensinado. É somente com essa condição que se pode promovê-lo de simples objeto de aprendizagem ao estatuto de objeto de ensino reconhecido pela instituição escolar, como são a produção escrita, a gramática ou a literatura".

Esses estudiosos elencam e discutem uma série de elementos que faz parte de um trabalho sobre o oral e é essencial para a tomada de consciência e de controle dos recursos extralinguísticos (tais como a prosódia, a postura, os gestos, a distância e posição dos locutores).

No entanto, mesmo considerando esses elementos como importantes para a ampliação dos conhecimentos dos alunos em relação ao eixo da oralidade, Dolz, Schneuwly e Haller (2004) ressaltam que eles são insuficientes, pois não dão conta de toda a dinamicidade da interação verbal. Assim, antes de tudo, é necessário levar em consideração os parâmetros das situações das interações verbais.

> Portanto, para uma didática em que se coloca a questão do desenvolvimento da expressão oral, o essencial não é caracterizar o oral em geral e trabalhar exclusivamente os aspectos da superfície da fala, mas, antes, conhecer diversas práticas orais de linguagem e as relações muito variáveis que estas mantém com a escrita (DOLZ; SCHNEUWLY; HALLER, 2004, p. 168).

Essas práticas orais são, logicamente, concretizadas por meio de textos empíricos orais, de diferentes gêneros, tais como a conversa, o debate e a entrevista. É por intermédio dos gêneros que toda a comunicação acontece, sendo assim, também de acordo com Dolz, Schneuwly e Haller (2004), estes devem ser os objetos de ensino.

Porém, os autores supracitados advogam que o enfoque deve recair sobre o oral formal, uma vez que as crianças já dominam razoavelmente bem os chamados gêneros da esfera privada, como é o caso da conversa. Ou seja, seria papel da escola explorar gêneros da comunicação pública formal. "Os gêneros formais públicos constituem as formas de linguagem que apresentam restrições impostas do exterior e implicam, paradoxalmente, um controle mais consciente e voluntário do próprio comportamento para dominá-las" (p. 175).

Mais adiante, tomando como base um dos gêneros orais da esfera pública, o *seminário*, pensaremos um pouco mais sobre as dimensões ensináveis da linguagem oral.

Afinal, o que é *seminário escolar*?

De acordo com o dicionário *Houaiss* da Língua Portuguesa (2001, p. 732), o termo "seminário" apresenta algumas definições, entre elas: "1) congresso científico cultural, com exposição seguida de debate; 2) grupo de estudos em que os estudantes pesquisam e discutem um tema específico; 3) aula dada por um grupo de alunos em que há debate acerca da matéria exposta por cada um dos participantes". Todos esses conceitos, porém, giram em torno do aprofundamento numa temática a ser exposta para um determinado público.

Para Dolz, Schneuwly e Pietro (2004, p. 217-218), a exposição (ou seminário) seria

> [...] um discurso que se realiza numa situação de comunicação específica que poderíamos chamar de bipolar, reunindo o orador ou o expositor e seu auditório. [...] Podemos, pois, definir a exposição oral como um gênero textual público, relativamente formal e específico, no qual um expositor especialista dirige-se a um auditório, de maneira (explicitamente) estruturada, para lhe transmitir informações, descrever-lhe ou lhe explicar alguma coisa.

Notemos que o conceito apresentado pelos autores supracitados suscita questões relevantes em relação à situação de interação mediada pelo seminário, tais como os papéis sociais dos envolvidos: o locutor, um especialista no assunto a ser exposto, que teria a função de transmitir informações; o interlocutor, que teria o papel de escutar e aprender o que foi explicado.

Acreditamos, porém, que participar como expositor ou auditório em um seminário significa muito mais do que transmitir e receber informações. Na interação, o interlocutor reage diante do que está sendo dito por meio de gestos, posturas. O locutor, por sua vez, pode perceber essas reações e atitudes e modificar seu discurso, sua forma de dizer. Há também situações em que, após o momento da exposição, ocorre um debate sobre o tema, com questões levantadas pelo auditório e que são discutidas pelos envolvidos. O trabalho em sala de aula com o gênero *seminário* permite que estes e outros aspectos possam ser refletidos com alunos.

Em busca de conhecer um pouco mais sobre esse gênero oral, novamente pedimos ajuda a Dolz, Schneuwly e Pietro (2004). Eles comentam que, para fins didáticos, na exposição oral (ou seminário), podem-se distinguir as seguintes partes:

1. Uma fase de abertura, na qual o expositor saúda o público e o acolhe. "É, de fato, o momento em que o expositor é instituído como tal, em que ele se define como um especialista que se dirige a um auditório, e em que este também é instituído como tal" (p. 220).

2. A etapa da introdução ao tema, momento de apresentar o tema que será exposto e comentar as razões das escolhas feitas para essa exposição;

3. O momento da apresentação do plano da exposição, no qual se expõe o percurso a ser percorrido no desenvolvimento do tema, os tópicos da apresentação;

4. O próprio desenvolvimento e encadeamento dos diferentes subtemas;

5. Uma fase de recapitulação e síntese, importante para garantir uma melhor compreensão dos ouvintes-participantes;

6. A conclusão, que transmite uma mensagem final, mas em que também podem ser lançados novos questionamentos e aspectos a serem mais bem aprofundados em outras exposições;

7. O momento do encerramento, no qual o expositor geralmente dedica um tempo para fazer seus agradecimentos ao auditório pela atenção dada. Esta última fase se "caracteriza, além disso, por sua configuração interacional, diferente da que se tem no corpo da exposição, pois nela intervêm muitas vezes a pessoa mediadora, o público, etc." (p. 221).

Apesar de os estudiosos citados acima elencarem essas etapas como pertencentes ao modelo didático do gênero *seminário*, reconhecemos que isso não significa que alguns desses momentos não possam ser omitidos, deixados de ser vivenciados. Cada situação de interação, portanto, vai constituir (ou exigir) quais são os componentes principais, que não podem faltar naquela ocasião.

Com a apresentação dessas possíveis etapas, podemos perceber o quanto a realização de um seminário exige planejamento do texto a ser produzido oralmente, bem como a produção de material escrito que possa servir de apoio para a exploração do tema e para nortear a audiência acerca do que será tratado. As habilidades de planejar o passo a passo da apresentação, de selecionar as principais informações a serem ditas e de construir a linha de raciocínio do texto oral são essenciais no eixo da oralidade. Com elas, os alunos vão se sentir muito mais seguros em suas exposições e vão perceber que nem sempre a fala pode ser improvisada.

A pesquisadora Vieira (2005) também buscou entender um pouco mais o gênero oral *seminário*. Para tanto, realizou um estudo investigando esse gênero na escola. Na pesquisa foram aplicados questionários, realizadas observações e análises de seminários produzidos em salas de aula do Ensino Fundamental e Ensino Médio do Colégio de Aplicação, da Universidade Federal de Pernambuco (UFPE).

A autora verificou que na construção dos efeitos de sentido, além da fala, os alunos lançaram mão da escrita, dos gestos, do tom de voz, da linguagem musical e de outros elementos, que terminam por configurar o seminário como uma produção multimodal, ou seja, como um gênero que se utiliza por meio de diversos tipos de linguagens. Essas características do gênero *seminário* precisam ser apreendidas pelos alunos. Eles devem entender que nas apresentações podem fazer uso dessa diversidade de recursos em prol de uma melhor explanação do tema.

A pesquisa de Vieira (2005) mostrou também que o uso de textos escritos foi bastante diversificado quanto à autoria, organização, suporte de origem e objetivos, mas que as principais fontes de informações utilizadas foram o livro didático e os sites da Internet.

Esses resultados da pesquisa mostram que alguns elementos são primordiais para uma boa realização do seminário, pois é preciso trazer informações novas, interessantes para a audiência, caso contrário, o público pode perder o interesse. Para tanto, o expositor deve saber pesquisar, utilizando diferentes fontes de informações (jornais, revistas, *sites*, enciclopédias, etc.) e produzir fichamentos, resumos, esquemas, para registrar informações sobre a temática.

Além desses aspectos, Vieira (2005) salienta outra questão: a oportunidade que os professores têm em dinamizar e diferenciar as aulas através da prática do seminário pelos alunos. Os docentes que participaram de seu estudo, segundo a autora, comentaram que: "O seminário, como um todo, permite a construção conjunta do conhecimento, promovendo uma aula menos centralizada no professor e com a menor tendência de que os alunos assumam o papel de ouvintes passivos como normalmente acontece numa aula expositiva tradicional" (p. 29).

Assim, observamos que o gênero *seminário escolar* pode favorecer a aprendizagem de várias habilidades importantes para o desenvolvimento da oralidade. Dolz, Schneuwly e Pietro ratificam esta posição (2004, p. 216), comentando:

> A exposição [seminário] representa, no entanto, um instrumento pedagógico privilegiado de transmissão de diversos conteúdos. Para a audiência, mas também e, sobretudo, para aquele(a) que prepara e apresenta, a exposição fornece um instrumento para aprender conteúdos diversificados, mas estruturados graças ao enquadramento viabilizado pelo gênero textual.

Na parte seguinte deste capítulo discutiremos um pouco mais sobre o ensino sistemático do oral. Apresentaremos uma sequência didática com o gênero *seminário*, que foi vivenciada em uma turma do 5º ano (2º ano do 2º ciclo) da rede municipal da cidade do Recife e discutiremos as intervenções pedagógicas realizadas pela docente da turma.

A mediação da professora: uma reflexão sobre o ensino do gênero *seminário*

A turma que vivenciou a sequência didática era composta por 30 alunos (15 meninos e 15 meninas), com idade entre 9 a 13 anos, sendo apenas três fora de faixa etária (12 e 13 anos). A professora da turma possui formação de nível médio (antigo magistério) e trabalha há 20 anos como docente, dos quais 12 anos em turmas de 5º ano. Porém, segundo ela, nunca vivenciara um trabalho com sequências didáticas voltadas para o ensino dos gêneros orais. Apesar desse fato, mostrou-se bastante entusiasmada com a proposta.

O planejamento da sequência foi realizado de forma conjunta. A princípio, elaboramos um primeiro esboço. Mas, tendo em vista os resultados da produção inicial que apontaram as principais dificuldades dos alunos, a docente analisou essa primeira versão do planejamento e fez algumas sugestões de acréscimo e retirada de atividades.

A seguir, apresentamos quais foram as atividades vivenciadas:

Na primeira aula, a docente conversou com a turma sobre a prática do seminário na escola. Perguntou aos alunos se eles já haviam vivenciado esse tipo de experiência com outro professor, quem já havia assistido a um seminário em alguma ocasião. Tal atividade objetivava o levantamento dos conhecimentos prévios dos alunos acerca do gênero *seminário* e estes foram registrados em um cartaz. Posteriormente, os alunos se organizaram em grupos e definiram os temas para a realização de um seminário inicial.

Ainda nessa mesma aula, a docente propôs três temáticas: a Copa do Mundo da África, educação no trânsito e aparelho reprodutor. Os alunos fizeram uma votação e escolheram o primeiro tema. Então, a docente elaborou quatro subtemas para que cada grupo ficasse responsável por um.

Na segunda aula (oito dias depois), os alunos realizaram os primeiros seminários, na intenção de a professora perceber o que os alunos já sabiam sobre o gênero e assim planejar melhor as etapas de sua exploração. Após as apresentações, os alunos fizeram uma avaliação da experiência, levantando aspectos que foram bons e outros que precisavam ser melhorados.

Na terceira aula, os alunos assistiram a um vídeo de um seminário que tratava sobre sexualidade realizado por um grupo de universitários e, com a ajuda da docente, fizeram uma análise acerca das características de tal gênero, com registro das descobertas no cartaz.

Na quarta aula, a professora discutiu sobre as etapas do seminário, dividiu a sala em quatro grupos e distribuiu envelopes que continham expressões linguísticas comuns a cada etapa de um seminário. Em seguida, cada grupo analisou as expressões e as relacionou às etapas de um seminário.

Na quinta aula, os alunos definiram os temas e subtemas dos seminários finais (produção final). A professora também fez um resgate oral (releitura do cartaz) do que os alunos haviam aprendido sobre o gênero até então. Além disso, deu as primeiras orientações para as pesquisas dos temas.

Nas aulas 6 e 7, os alunos fizeram pesquisas na biblioteca da escola e no laboratório de informática da prefeitura sobre os temas a serem expostos.

Na oitava aula, os alunos sistematizaram, com ajuda da docente, as informações pesquisadas, confeccionaram os cartazes que seriam utilizados nas apresentações finais e produziram um convite coletivo para a outra turma do 5º ano da escola assistir às apresentações.

Na nona aula, cada grupo realizou um ensaio de sua apresentação. Em seguida, tanto os alunos quanto a professora analisaram e opinaram sobre cada apresentação.

Na décima aula, houve a realização dos seminários, com a presença de alunos de outra turma do 5º ano compondo o auditório.

Tal sequência didática tinha como objetivos principais fazer os alunos refletirem sobre a finalidade do gênero *seminário*; conhecerem e organizarem as etapas de um seminário; utilizarem diferentes fontes de pesquisa e selecionarem informações; usarem expressões linguísticas comuns no gênero seminário e elementos paralinguísticos apropriados à situação, e, por fim, fazerem uso de material escrito como apoio à exploração do tema.

Para melhor compreendermos essa experiência de ensino, elencamos algumas questões norteadoras que nos possibilitarão refletir sobre as intervenções da professora e em que medida estas favoreceram o desenvolvimento das habilidades orais dos alunos:

A) A professora contribuiu para a construção, pelos alunos, da representação social do gênero?

Diante de uma tarefa de produção textual, oral ou escrita, precisamos lançar mão de todos os conhecimentos que temos em relação ao tema, ao gênero e às práticas de linguagem em que tal gênero circula. Logo no primeiro momento, pensamos qual é a melhor forma de atender à finalidade comunicativa que se coloca (que gênero adotar), quem são nossos interlocutores, o que dizer, qual é a melhor forma de dizer, enfim, construímos a nossa base de orientação, que norteia todo o processo de elaboração textual, como afirma Schneuwly (1988).

Analisando o trabalho desenvolvido ao longo da sequência didática, percebemos que, em vários momentos, a docente colaborou com os alunos na construção dessa base de orientação. Selecionamos alguns trechos de aula que ratificam essa ajuda.

Na primeira aula, a professora introduziu uma conversa sobre o gênero *seminário*, a fim de resgatar os conhecimentos prévios dos alunos:

> P – *O que é seminário?*
> A – *Seminário é um grupo de pessoas que estudaram...*
> P – *Essas pessoas vão fazer o que com o que estudaram?*
> A – *Vão apresentar para as pessoas...*
> P – *Ah, vai explicar para o público?*
> A – *Sim!*

Nesse primeiro momento, os alunos explicitaram seus conceitos prévios do que seria um seminário e refletiram um pouco sobre uma de suas finalidades: socializar o conhecimento com os outros.

Na aula 4, a professora também explorou mais uma finalidade, ao comentar com os alunos que, na escola, o seminário tem a intenção de favorecer um maior aprofundamento dos conhecimentos, e acabou por ressaltar também que este pode gerar mais aprendizagens para os alunos, ou seja, enfatizou alguns objetivos didáticos:

> P – *[...] Eu primeiro queria saber de vocês, na opinião de vocês, o que vocês acham que traz de bom para um aluno, seja criança, universitário, alunos maiores, qual é a vantagem, o que é que traz de bom fazer o seminário [...].*
> A – *Porque a gente aprende mais!*
> *[...]*
> P – *Um dia vocês vão precisar fazer uma entrevista pra um emprego e se vocês não têm essa desinibição de conversar com o público vai chegar lá todo tímido na hora de responder que é normal acontecer com qualquer pessoa, mas*

*vejam, não é normal vocês falarem pra um público, pra TV, e
ficar com vergonha? Mas muitas vezes quando a gente passa
por essas experiências de seminário, de tá apresentando pra
alguém, tá debatendo com alguém, isso melhora e nos torna
mais desenrolados [...].*

Nos trechos acima, vemos a professora conversar com os alunos sobre a importância de se ter experiências com seminários. Estas podem favorecer os alunos em sua vida pessoal e profissional, podem ajudá-los a se tornarem mais seguros na fala, ao terem de falar em público. Esse, de fato, é um dos objetivos que permeia o processo de ensino-aprendizagem dos gêneros orais.

B) A professora explorou as características composicionais do gênero seminário?

Houve várias situações em que a professora explorou as características do gênero *seminário*. Nas aulas 2 e 3, por exemplo, a docente mediou um processo de avaliação do seminário produzido pelos alunos na situação inicial e por um grupo de universitários, em outro contexto. Nesses momentos os alunos procuraram verificar os pontos positivos e negativos das apresentações, perceberam aspectos comuns entre elas e, assim, tiveram a oportunidade de conhecer um pouco mais o que caracterizava o gênero.

Também na aula 3, a professora sistematizou as observações feitas sobre as etapas de apresentação de um seminário e outras características já discutidas em classe, como postura, os gestos, o uso do cartaz, como pode ser visto a seguir:

> *P – Então, agora vamos relembrar um pouquinho o que deve
> ser feito antes e durante o seminário. Vamos tentar lembrar.
> O grupo vai começar a apresentar, chegou aqui na frente, o
> que ele deve fazer?*
>
> *A1 – Boa tarde! Apresentar o grupo.*
>
> *A2 – Cumprimentar o público.*
>
> *A3 – Falar o nome.*
>
> *P – Deixa colocar aqui (no cartaz-síntese das descobertas)*

A – Apresentar os integrantes.

P – Só os integrantes?

A – Apresentar o trabalho.

P – Eu vou chegar aqui, não vou nem dizer o que vou falar? O assunto que vai ser falado. E durante a apresentação...

A – Se apresentar com seriedade.

P – Acham que a gente deve ter uma postura ou falar de qualquer jeito? Tem que ter uma postura correta, elegante. Eu posso usar as mãos para gesticular ou tenho que ficar como um soldado?

A – Pode, pode usar as mãos.

P – Não... gestos demais também, pra não ficar balançando muito assim, o que mais? Depois a explicação do trabalho. E no final, o meu grupo terminou. "Muito obrigada", e aí será que todo mundo entendeu o que eu falei? Seria interessante perguntar ao público se tem alguma pergunta, alguém lembrou de fazer pergunta nos nossos seminários? Seria interessante?

A – Sim!

P – Então seria abrir um tempo, espaço para perguntas do público, aí, depois que responder e se ninguém tiver mais dúvida, agradece ao público pela atenção.

Vale ressaltar que na aula 4 a professora retoma novamente essas partes do seminário, buscando deixá-las claras para os alunos.

Percebemos, então, que a docente explorou o modelo didático do gênero *seminário*. Para tal, fez recortes, selecionando os principais aspectos a serem enfatizados. Notamos que o caráter composicional do gênero, ou seja, as partes que o compõem, foi o mais enfatizado. Embora tenhamos percebido isso, vale ressaltar que em outros momentos a docente também explorou alguns aspectos discursivos, porém, sem tanta intensidade.

Schneuwly e Dolz (2004, p. 80-81) comentam que tal atitude seletiva é inerente à entrada do gênero na escola, pois "é o resultado de uma decisão didática que visa objetivos específicos de aprendizagem. [...]. Isso implica uma transformação, pelo menos parcial, do gênero para que esses objetivos sejam atingidos e atingíveis com o máximo de eficácia: simplificação do gênero, ênfase em certas dimensões".

Salientamos, todavia, a preocupação da docente em não deixar as informações "soltas". À medida que os alunos iam apresentando descobertas acerca do gênero *seminário escolar*, a docente ia fazendo o registro dessas informações em cartazes e retomando nas aulas seguintes. Essa retomada é bastante interessante dentro de uma proposta de sequência didática, pois, além de facilitar a dinâmica das discussões, garante que os alunos visualizem os novos conhecimentos e possam reconstruí-los.

Outro aspecto também bastante enfocado foi o uso de materiais como apoio para as apresentações. No trecho a seguir (aula 8), a professora orientou os alunos para a necessidade de uma melhor organização das informações textuais e imagens em um cartaz, para que este fosse, de fato, um recurso significativo não só para os integrantes do grupo, mas também para a audiência:

> P– [...] O cartaz tem que ser visível para quem está assistindo. Então o cartaz tem que ter título, tem que ter texto sim, mas tem que ser com uma letra que a plateia também consiga ler.
>
> [...]
>
> P– No cartaz só deve ter as imagens para completar o sentido do que vocês estiverem falando. Por exemplo, se o meu grupo vai falar sobre o futebol e eu vou falar, por exemplo, sobre o uniforme da seleção, então, ao invés de eu só dizer que o padrão da seleção tem a camisa azul, o calção amarelo, não fica mais interessante eu mostrar um cartaz que tenha essa imagem?

C) A professora incentivou o planejamento do texto oral?

A questão do planejamento apareceu em algumas falas da professora. Na aula 5, por exemplo, depois de ter lançado a proposta do seminário final, ela indicou para os alunos quais deveriam ser os próximos passos:

> P – Então, nós vamos ver os subtemas da etapa da pesquisa de formação do trabalho de vocês e a gente vai fazer aqui um cronograma que é o quê? É uma espécie de calendário, de horário, onde a gente marca quais serão as próximas etapas

do seminário; hoje a gente vai escolher um tema e amanhã vocês vão começar a parte da pesquisa. [...] Pesquisar aonde?

A – Na biblioteca!

P – Que outro lugar a gente viu que pode fazer pesquisa, gente?

A – Na Internet!

O fato de ter organizado com os alunos esse cronograma e ter retomado tal planejamento em outras aulas, já ajudou os alunos a entender que o primeiro momento da produção de um seminário é a pesquisa. É por meio da pesquisa que eles vão adquirir os conhecimentos necessários para a geração de ideias, ou seja, para pensar no que dizer.

Segundo Góes e Smolka (1992), a geração de ideias é uma das ações-base que utilizamos na produção textual, assim como o processo de textualização (como dizer) e o registro. Na escola, o professor tem o papel fundamental nessas ações. Os estudantes precisam refletir sobre as estratégias que escritores experientes adotam para ajudar nessa construção do que dizer, e uma dessas estratégias é justamente a pesquisa sobre o tema do texto.

D) Houve momentos de reflexão sobre a adequação da linguagem nos seminários?

Na aula 9, a professora faz uma reflexão com os alunos para a adequação da língua nos variados contextos. Para isso, a docente dá algumas orientações que podem ajudar na formalidade do texto:

P – [...] Vejam os termos que vão usar e tomem cuidado com aquelas palavrinhas que são as repetições que a gente tem mania de falar: "Aí Chapeuzinho vermelho. Aí o lobo mau. Aí a vovozinha". Cuidado com a repetição do "aí" ou outros termos que a gente usa quando está conversando. É claro que numa conversa informal, entre amigos, isso não tem nenhum problema, mas no momento que a gente tá apresentando um trabalho, um seminário, a gente tem que cuidar para que não aconteçam essas repetições.

Notamos que a docente não assume uma postura de certo ou errado em relação às marcas linguísticas próprias dos textos orais informais.

Ela apenas situa os alunos quanto ao uso apropriado, refletindo em que momentos tais marcas não representam problemas para a comunicação.

Na busca por melhor explorar as expressões linguísticas mais usadas em um seminário, na quarta aula, a professora fez uma dinâmica com os alunos, em que eles refletiram sobre essas expressões. Os discentes deveriam relacionar algumas delas às etapas de um seminário em que possivelmente apareceriam. Selecionamos um trecho da aula em que isso aconteceu:

> P – Pronto! Agora eu vou chamar uma pessoa de cada grupo para trazer uma frase da abertura. Grupo 1, me traga uma frase de abertura...
>
> A – Nosso grupo é formado por... (um aluno lê a frase que pegou).
>
> P – Vamos vê se está certo, já, já...(a professora escreve no quadro as frases que os alunos vão dizendo em cada etapa do seminário).
>
> A – Completando essa parte... (uma aluna destaca esta expressão como pertencente à conclusão, mas a professora reflete sobre sua resposta)
>
> P – Gente se eu estiver falando alguma coisa e a outra pessoa quer ainda falar, então eu digo: Completando essa parte... Então isso vai ser da conclusão, minha gente?
>
> A – Não!

A partir do que foi apresentado acima, foi possível perceber o quanto a professora se esforçou para promover um ensino sistemático das habilidades orais. Muitos foram os momentos e várias reflexões bastante pertinentes foram feitas. O resultado dessa investida pode ser visto nas produções dos alunos. É o que apresentaremos de forma breve no tópico a seguir.

A apropriação dos conhecimentos sobre o gênero *seminário*: o que os alunos aprenderam?

Para percebermos melhor as possíveis aprendizagens dos alunos, traçaremos um comparativo entre os seminários produzidos na aula 2, sem a intervenção da professora da turma, e os realizados na aula 10, após a vivência de toda a sequência didática.

Nos primeiros seminários, a turma se dividiu em três grupos que exploraram o tema: a formação do povo brasileiro. Após oito dias de preparação, os grupos fizeram os seminários para os demais colegas da turma. Na produção final, foram quatro grupos que falaram sobre a cultura e o futebol brasileiro e africano. Vale salientar que, no momento das apresentações, a professora não realizava intervenções. Discutiremos, agora, alguns aspectos dessa apropriação.

Um primeiro aspecto percebido como avanço foi em relação à apropriação das etapas de um seminário. Observando a produção inicial (aula 2), verificamos que um dos três grupos se preocupou em fazer a abertura do seminário e a introdução ao tema. Os outros grupos iniciaram as apresentações lendo tópicos fragmentados do assunto e do resumo que haviam fixado nos cartazes.

Notamos, também, que nenhum grupo apresentou os seus integrantes, nem norteou a plateia sobre os subtemas a serem desenvolvidos no seminário. Já na produção final (aula 10), a presença de expressões de abertura e a introdução do tema se mostrou bem mais marcante, pois todos os quatro grupos que se apresentaram fizeram questão de acolher os ouvintes, apresentaram os integrantes dos grupos, situaram a plateia quanto ao tema a ser explorado pelo grupo no seminário, como pode ser visto nos trechos a seguir, extraídos da apresentação de um dos grupos:

> A – *Boa tarde! Meu nome é Keila, queria apresentar meu grupo, que é formado por Andréia, Viviane, Bárbara, Renata, Rebeca... Primeiro a gente vai começar falando sobre o que é cultura.*

Como vemos, os alunos aprenderam que, num seminário, é interessante não iniciar logo expondo o tema. Também foi constatado que os alunos tiveram preocupação com os ouvintes, inclusive um dos grupos introduziu o tema interagindo com a plateia. Diferentemente do primeiro seminário, os alunos passaram a considerar o público um interlocutor significativo na comunicação.

Na fase do desenvolvimento, verificamos que, no seminário inicial, nenhum dos integrantes dos grupos discorreu sobre a temática sem ler os resumos e não houve menção às imagens trazidas nos cartazes. Isso demonstra pouco domínio do tema ou uma falta de autonomia na fala.

Na produção final, vimos que alguns alunos já conseguiram discorrer sobre o tema sem decorar e ficar lendo os resumos. Mostraram, portanto, maior segurança. Porém, isso aconteceu numa parcela menor da turma, o que nos remete ao fato de que apenas uma experiência com o gênero seminário não é suficiente para a conquista dessa autonomia na fala.

Outro avanço significativo percebido na última produção foi a utilização de cartazes como apoio à fala, para melhor desenvolvimento do tema. Nos primeiros seminários, todos os grupos trouxeram cartazes em suas apresentações. Observamos que os alunos, por já terem vivenciado situações prévias de apresentação ao público, sabiam da importância de terem um recurso visual como auxílio da fala. No entanto, não exploraram esse suporte significativamente e configuraram os seus cartazes com o resumo dos temas que seriam desenvolvidos, lendo-os na íntegra.

Na produção final, no entanto, notamos que os quatro grupos conseguiram utilizar os cartazes realmente como suporte e não trouxeram um número grande de informações nestes. Chegavam a mostrá-los para o grupo-classe e faziam suas colocações. Observe:

> A1 – A África na verdade é um continente formado por 53 países, e ela na verdade é o maior continente do mundo, esse aqui é o mapa (mostra no cartaz).
>
> Plateia – Que país é esse?
>
> A1 – África do Sul.
>
> [...]
>
> A2 – Na África do Sul possui muitos idiomas, embora o inglês seja muito utilizado, também existem outros idiomas oficiais muito utilizados por diversos povos, entre elas podemos citar essas palavras aqui que vocês podem ver (aponta para um cartaz no quadro).

No entanto, é preciso ressaltar que, mesmo tendo avançado em relação aos cartazes, quando se tratou da utilização dos resumos apenas como apoio, não o fizeram. Continuaram utilizando-os na íntegra, lendo tudo que estava escrito neles. Ainda que a docente da turma tenha falado, por várias vezes, sobre o uso apropriado do resumo, os alunos não conseguiram avançar nessa questão.

O apoio no material escrito é uma estratégia utilizada em diversas situações de uso da linguagem oral que também precisa ser ensinada na escola. Os alunos devem saber, por exemplo, que os resumos são uma forma de consulta e que não é necessário fazer a leitura de todas as informações nele contidas. Também precisam entender que podem falar de forma autônoma, de forma diferente da que se encontra escrita nos resumos. No caso do grupo de alunos citado, essa é uma aprendizagem que precisava ainda ser consolidada.

Palavras finais... mas não últimas

Como vimos neste capítulo, é possível realizar um ensino sistemático do oral por meio da exploração de gêneros orais formais como o *seminário*. No decorrer da sequência didática relatada, os alunos mobilizaram várias habilidades pertencentes a esse eixo, tais como a necessidade de planejar as falas em situações mais formais de comunicação, o uso de cartaz como apoio à fala, o cuidado com a postura, gestos e entonação, o conhecimento de algumas expressões linguísticas próprias do gênero estudado.

Além desses aspectos, pudemos perceber que os alunos evoluíram em outras direções, como no trabalho em grupo, no respeito ao ponto de vista do outro, na organização do que pesquisaram, na distribuição do que cada pessoa teria de falar. Preocuparam-se bem mais com a mudança no turno das falas, com a gestão do tempo e, principalmente, com a interação com a plateia.

Com base nessa experiência de ensino, vimos que para a realização de um bom trabalho no eixo da oralidade, além de uma prática compromissada por parte do docente, é preciso ter conhecimento e aprofundamento das características composicionais e sociodiscursivas dos gêneros orais formais.

Também ratificamos a necessidade de mais estudos que subsidiem os docentes em relação à abordagem do oral como objeto de ensino, trazendo reflexões pertinentes sobre quais dimensões podem e devem ser ensinadas nesse eixo.

Referências

COSTA, Débora A. G. *Livros didáticos de Língua Portuguesa*: propostas didáticas para o ensino da linguagem oral. Dissertação (Mestrado em Educação), Universidade Federal de Pernambuco, Recife, 2006.

DOLZ, Joaquim; SCHNEUWLY, Bernard; HALLER, Sylvie. O oral como texto: como construir um objeto de ensino. In: DOLZ, Joaquim; SCHNEUWLY, Bernard. *Gêneros orais e escritos na escola*. Campinas: Mercado das Letras, 2004. p. 149-188.

DOLZ, Joaquim; SCHNEUWLY, Bernard; PIETRO, Jean-François de. A exposição oral. In: SCHNEUWLY, Bernard; DOLZ, Joaquim. *Gêneros orais e escritos na escola*. Campinas: Mercado das Letras, 2004. p. 215-246.

GÓES, Maria Cecília Rafael de; SMOLKA, Ana Luiza B. A criança e a linguagem escrita: considerações sobre produção de textos. In: ALENCAR, Eunice Soriano de. *Novas contribuições da psicologia aos processos de ensino e aprendizagem*. São Paulo: Cortez, 1992.

HOUAISS, Antônio; VILLAR, Mauro de Salles. *Dicionário Houaiss da Língua Portuguesa*. Elaborado no Instituto Antônio Houaiss de Lexicografia e Banco de Dados da Língua Portuguesa s/c Ltda. Rio de Janeiro: Objetiva, 2001.

LEAL, Telma Ferraz; BRANDÃO, Ana Carolina Perussi; NASCIMENTO, Bárbhara E. S. Basta conversar? A prática de ensino da oralidade no segundo ciclo. In: HEINING, Otília Lizete de Oliveira Martins; FRONZA, Cátia de Azevedo (Org.). *Diálogos entre linguística e educação*: a linguagem em foco. 1. ed. Blumenau: Edifurb, 2010. p. 91-114.

MARCUSCHI, Luiz Antonio. *Da fala para a escrita*: atividades de retextualização. São Paulo: Cortez, 2005.

SCHNEUWLY, Bernard; DOLZ, Joaquim. Os gêneros escolares: das práticas de linguagem aos objetos de ensino. In: SCHNEUWLY, Bernard; DOLZ, Joaquim. *Gêneros orais e escritos na escola*. Campinas: Mercado das Letras, 2004. p. 71-94.

SCHNEUWLY, Bernard. *Le language écrit chez l'enfant*: la production des textes informatifs ET argumentatifs. Neuchâtel: Delachaux et Niestlé, 1988. p. 29-44.

VIEIRA, Ana Regina Ferraz. *O seminário*: um evento de letramento escolar. Dissertação (Mestrado em Linguística), Faculdade de Letras, Universidade Federal de Pernambuco, Recife, 2005.

Capítulo 9

A exposição oral na educação infantil: contribuições para o ensino dos gêneros orais na escola

Maria Tereza Gomes do Nascimento

Rosa Maria de Souza Leal

Ana Gabriela de Souza Seal

A oralidade é a principal modalidade de comunicação utilizada por todos nós quando interagimos, seja em uma conversa informal com outras pessoas, seja em um seminário para um público específico. Dessa forma, deve ter seu lugar assegurado em sala de aula enquanto conteúdo de aprendizagem.

Pretendendo contribuir com os debates em torno de uma proposta de ensino da língua materna que contemple atividades sistematizadas com gêneros orais, este capítulo traz uma reflexão acerca de uma experiência vivenciada por meio de uma sequência didática em prol do ensino da exposição oral na Educação Infantil. Portanto, nosso objetivo é compreender os efeitos da sequência didática no ensino e aprendizagem dos gêneros orais para crianças do Grupo V.[1]

A exposição oral aparece como gênero textual utilizado com bastante frequência na escola em diferentes níveis de ensino. Suas características possibilitam ao aluno o desenvolvimento de diversas habilidades linguísticas. Em relação ao trabalho com a exposição oral

---

[1] O Grupo V é a última etapa da Educação Infantil, voltada para crianças com idade entre cinco e seis anos. Este nível de ensino antecede o ingresso dessas crianças na classes da alfabetização.

na Educação Infantil, é necessário ajustar as atividades propostas às capacidades de aprendizagem das crianças. Schneuwly *et al* (2004) entendem a sequência didática como procedimento para auxiliar as práticas de ensino de língua focado no trabalho com os gêneros. Para Schneuwly e Dolz (2004b) e para Zabala (2004), a sequência didática é um procedimento que, apoiado na concepção socioconstrutivista, considera que a atividade cognitiva do sujeito deve ser mediada pelo professor. A estrutura de base do procedimento em tela confronta os indivíduos com práticas de linguagem conhecidas do seu meio – os gêneros primários – para que, mediados pelas interações ocorridas no ambiente formal da escola, eles se apropriem dos gêneros secundários, práticas de linguagem mais complexas. A exposição oral é definida por Schneuwly *et al* (2004) "como um espaço-tempo de produção no qual aquele que enuncia se refere ao seu interlocutor através de uma ação de linguagem cuja finalidade é apresentar um conteúdo referencial".

Na experiência analisada, foram contemplados os eixos da leitura e da escrita, pois uma sequência didática que pretende desenvolver os gêneros orais de maneira a construir uma aprendizagem efetiva e significativa da língua não pode prescindir desses eixos, sob o risco de se distanciar do que é, de fato, um trabalho com a oralidade. Isto porque, conforme ressalta Marcuschi (2003), fala e escrita não constituem línguas diferentes, mas formas diferentes de uso de uma mesma língua, de modo que é possível observarmos gêneros orais materializados por meio do uso da escrita, por exemplo, uma entrevista publicada em revistas de circulação nacional.

Contrapondo-se a uma noção de Educação Infantil como sendo a "pré-escola", ou como apenas "lugar de cuidados básicos com as crianças", este trabalho parte dos seguintes questionamentos: é possível desenvolver na Educação Infantil uma proposta de atividades sistematizadas com o gênero *exposição oral*? É possível o professor de Educação Infantil aplicar o procedimento sequência didática a crianças da faixa etária de cinco a seis anos? Como isso pode ser feito?

Na expectativa de responder a essas questões, foi proposta a uma professora de Educação Infantil de uma escola pública de Recife a produção com sua turma de uma exposição oral para a feira de conhecimentos. O grupo de crianças poderia expor seus conhecimentos com base em um tema trabalhado em sala de aula. Nesse sentido, foi solicitado à docente (denominada aqui de "professora A") que desenvolvesse com sua turma uma sequência didática para trabalhar a exposição oral, tendo como tema "a origem e o significado dos ditados populares". O tema foi escolhido pela própria professora, porque os ditados populares foram trabalhados com sua turma nas comemorações do folclore. O planejamento e a elaboração da sequência consideraram as opiniões dessa professora quanto ao perfil do grupo e quanto à relação entre os objetivos de aprendizagem e as possibilidades de aprendizagem das crianças (embora na situação inicial da sequência também estivessem incluídas atividades visando a esse fim).

Visando melhor categorizar os dados coletados, as atividades da sequência didática propostas à professora A foram distribuídas em cinco módulos e os objetivos específicos de aprendizagens que os integraram foram os seguintes: 1) iniciar-se na apropriação da situação de comunicação; 2) refletir sobre a organização interna do gênero; 3) iniciar-se na apropriação das características extralinguísticas (situação de comunicação) e linguísticas da exposição oral.

Os módulos da sequência didática proposta à professora A, por sua vez, foram assim organizados: no primeiro módulo, referente à situação inicial, a docente deveria possibilitar às crianças o confronto com seus conhecimentos prévios acerca da exposição oral, pois os conhecimentos que os alunos já possuem sobre o gênero constituem o ponto de partida para o professor observar tanto as aprendizagens reais que cada um possui quanto aquelas que são possíveis de construir com a turma (aprendizagens potenciais). Além disso, as crianças deveriam ter um primeiro contato com o gênero já citado visando construir uma representação interna sobre a situação de comunicação para a qual se produz e se utiliza uma exposição oral, bem como sobre como esse gênero textual se organiza e quais são suas características linguísticas.

No segundo, terceiro e quarto módulos, foi observado como a professora A sensibilizava as crianças para o gênero proposto, auxiliando-as a: distinguir a exposição oral de outros gêneros; identificar o tema a ser trabalhado; desenvolver habilidades de escuta do outro; perceber algumas características da situação de comunicação referente a esse gênero. Além disso, observamos como a professora aplicou a sequência didática de modo a ajudar as crianças a: selecionar o tema a ser apresentado; explorar textos com conteúdos sobre o tema a ser exposto e utilizá-los na elaboração do plano utilizado como base para a exposição oral; refletir sobre o gênero para propor reformulações; apropriar-se de uma consciência metaenunciativa; refletir sobre a importância da entonação, da postura e dos gestos; organizar e planejar uma exposição articulando as diferentes partes desse gênero.

Por fim, no quinto módulo, as crianças deveriam posicionar-se diante de uma plateia de alunos da própria e scola e apresentar as exposições.

Todas essas aprendizagens descritas em cada um dos módulos constituíram os critérios selecionados para as observações na sala da professora.

Sequências didáticas para o ensino do oral na Educação Infantil: o que priorizar?

Neste tópico, vamos explicitar as bases teórico-metodológicas que guiaram a elaboração e o desenvolvimento desta pesquisa.

As abordagens de Schneuwly e Dolz (2004a) e de Bronckart (1997-1999) em relação ao uso dos gêneros orais na escola e sobre as sequências didáticas nortearam tanto as análises aqui realizadas acerca das aprendizagens infantis sobre a exposição oral como também constituíram o ponto de partida para a investigação do tema neste capítulo. Esses autores apresentam o gênero como megainstrumento que tanto age sobre os indivíduos que o utilizam para interagir com os demais quanto reflete as situações de comunicação para que esses elaborem atividades com a linguagem.

A análise da sequência didática proposta à professora A esteve apoiada em Schneuwly *et al* (2004) e considerou os aspectos gerais das atividades desenvolvidas para a exposição. Da mesma forma, a concepção de gênero como tipos relativamente estáveis de enunciado, cuja finalidade é retratar as condições sob as quais a comunicação é realizada nos diversos contextos, defendida por Bakhtin (2003) e por Marcuschi (2003), orientou a análise das categorias referentes à aprendizagem das características internas do gênero.

A proposta de dirigir a ação a crianças da Educação Infantil decorreu de reflexões sobre o papel da Educação Infantil adotada no

Centro de Estudos em Educação e Linguagem da Universidade Federal de Pernambuco, do qual as autoras fazem parte.

No contexto educacional, a história nos mostra que a educação para a infância foi considerada durante um longo período como espaço para prestar assistência básica às crianças quando as famílias não tinham condições de provê-la. Por outro lado, na década de 1950, os estudos que entendiam a criança como um ser cujas estruturas cognitivas não eram capazes de pensar de forma organizada norteavam muitas das práticas de ensino voltadas à aprendizagem infantil. Esses fatores, além de outros não listados aqui,[2] possivelmente se refletem na maneira como o ensino na Educação Infantil esteve organizado durante muitos anos, ou seja, abolindo atividades sistematizadas com a linguagem e, em geral, recorrendo a objetivos que pouco favoreciam aprendizagens significativas para as crianças ingressarem nas salas de alfabetização.

Neste estudo, adotamos uma concepção de que na Educação Infantil é possível e necessário desenvolver atividades lúdicas e significativas de uso e reflexão sobre as práticas de linguagem e os textos. Em contraposição, autores como Banks-Leite (1996) e Brandão e Rosa (2010) defendem que muito cedo as crianças se interessam por atividades de uso de diferentes linguagens. Assim, tais autoras corroboram para desmitificar a concepção de que, na Educação Infantil, as crianças são capazes de aprender apenas cantigas de rodas ou histórias infantis.[3]

No decorrer do processo de ensino e aprendizagem dos indivíduos, a própria escola exige que seus alunos façam uso de alguns dos gêneros do discurso oral formal, como a apresentação de seminários, a realização de debates entre integrantes da turma, a exposição oral em feiras de conhecimento, entre outros. Entretanto, o ambiente escolar propõe tardiamente atividades sistematizadas para que os aprendizes se apropriem dos gêneros citados ou simplesmente não as propõe (SCHNEUWWLY; DOLZ, 2004a). Residem aí indícios que apontam a existência de um paradoxo: a exigência do domínio de práticas de linguagem orais pela escola e a sua oposição em propor atividades

---

[2] Sobre esse tema, consultar: Brasil (2001) e Silva (1987).

[3] É importante reconhecer a relevância do trabalho com cantigas de roda e histórias para crianças da Educação Infantil, mas o aprendizado nessa etapa não pode ser limitado a esses gêneros.

sistematizadas com a oralidade. Por enquanto, essa é uma questão que merece estudos posteriores, pois não é objetivo deste capítulo debatê-la.

O que os resultados revelam?

Nas análises dos resultados, centramos nossa atenção em compreender como um gênero da modalidade oral formal – a exposição explicativa –, ao ser trabalhado por meio de sequências didáticas, pode contribuir ou não para que as crianças do Grupo V iniciem a apropriação de algumas das características desse gênero. Para tanto, consideramos os seguintes aspectos: como elas se inserem na situação de comunicação proposta e quais as aprendizagens construídas.

Em relação aos aspectos gerais das atividades da sequência didática desenvolvida pela professora A, os dados apontam indícios de que essas atividades foram diversificadas e relacionadas aos objetivos de aprendizagem, como pode ser observado no fragmento da situação inicial e do módulo I, exposto adiante:

Situação inicial

Objetivo: resgatar os conhecimentos prévios dos alunos sobre a exposição oral; ter um primeiro contato com o gênero mediante a observação da exposição de um adulto; compreender algumas de suas características como "o que é uma exposição, quais as finalidades daquele que apresenta uma exposição e quem são os interlocutores de uma exposição"; problematização sobre o gênero.

Material: aparelho de DVD e DVD.

Atividade 1: levar a turma para um passeio ao Museu da Abolição, mas, antes de iniciá-lo, interrogar os alunos sobre "o que é uma exposição, se alguém já viu uma exposição, para que serve uma exposição e quem pode apresentar uma exposição".

Atividade 2: passeio ao Museu da Abolição para ver e observar uma exposição apresentada por um adulto; em seguida, na sala de aula, assistir ao DVD do passeio para resgatar a experiência da excursão e relembrar a exposição assistida.

1º módulo

Objetivos: sensibilizar os alunos para o gênero; distinguir a exposição oral de outros gêneros, como a oralização de uma história; identificar o tema de uma exposição; desenvolver habilidades de escuta; compreender algumas características da situação de comunicação de uma exposição oral.

Material: filmadora, gravador de áudio, aparelho de DVD e DVD do passeio ao museu.

Atividade 1: assistir ao vídeo da exposição do adulto e do passeio ao museu.

Atividade 2: discutir os aspectos e as características observadas no vídeo e na exposição, listando-os em um cartaz; comparar o gênero a outros, como a narrativa oral e a oralização de um texto escrito, identificando: qual era o tema da exposição; para que foi feita a exposição; como a pessoa que estava apresentando começou falando sobre o que iria expor; se houve uma saudação inicial; quais eram os gestos; como a voz foi utilizada; se quem estava apresentando a exposição mostrou alguns exemplos para explicar o que se estava falando; como as falas eram organizadas; como a exposição foi encerrada.

No caso da professora A, que seguiu as etapas da sequência didática planejada para sua turma, é possível observar nos trechos extraídos das observações a articulação entre um módulo e outro do procedimento:

> *Professora A – "Vocês estão lembrados quando a gente foi ao Museu da Abolição? A gente vai ver essa filmagem!*
>
> *Professora A – Então, vejam só... Vocês, nesse dia, prestaram atenção a tudo que tia Viviane tava explicando sobre o museu [...]. Vocês sabiam que a gente também vai fazer uma exposição? (expressivo)*
>
> *Criança D – Ô:::ba!!!*
>
> *Professora A – E eu quero ver todo mundo falando bem bonito, igual a tia Viviane. Alguém sabe falar pra outras pessoas ouvirem? [...] A gente foi ver uma exposição, num é? A gente tá vendo o vídeo da exposição, porque a gente também vai fazer uma exposição.*

Ao dar o comando – "Vocês estão lembrados quando a gente foi ao Museu da Abolição?" –, a professora A resgata a atividade anterior para introduzir a atividade seguinte do segundo módulo, sem perder de vista o objetivo inicial, segundo o qual os alunos deveriam resgatar seus conhecimentos prévios sobre a exposição oral e ter um primeiro contato com esse gênero.

No fragmento acima, portanto, estão presentes indícios de que a professora A, norteada pelo planejamento da sequência didática, buscava articular a atividade realizada no museu à atividade realizada no primeiro módulo da sequência e ao objetivo de iniciar os alunos na aprendizagem do gênero exposição oral.

Na direção apontada pela professora A, os alunos, além de atentarem ao que foi explicado no passeio ao museu, precisavam observar ainda a maneira como a monitora fazia essas explicações. Era necessário a turma compreender isso, pois também faria uma exposição. Considerando que a finalidade desse primeiro momento esteve voltada à sensibilização sobre o gênero, à identificação do tema de uma exposição, ao desenvolvimento de habilidades de escuta e à compreensão de algumas características da situação de comunicação de uma exposição oral, é possível afirmar que houve uma articulação coerente entre objetivos didáticos previstos e as atividades desenvolvidas na sequência didática aplicada pela professora A.

Em relação aos aspectos extralinguísticos, há indícios de que a sequência didática pôde auxiliar a professora A a potencializar situações de ensino e aprendizagem dos aspectos citados. Isso porque a exposição oral preparada para a feira de conhecimentos foi apresentada a pais e alunos de outras turmas da própria escola, configurando-se, portanto, num evento cujo nível de institucionalização deveria exigir preparo dos grupos de alunos pela professora A. Nas apresentações da turma, os grupos de crianças demonstraram uma apropriação satisfatória dos aspectos citados. Tal fato pode ser observado no extrato a seguir, no qual as crianças da turma da professora A enfatizam que é preciso mostrar o cartaz ao público e que o público precisa entender sobre o que estão falando:

> *Professora A – Então, olha só. Lá fora vai estar muita gente, muita criança que ainda não sabe o significado dos ditados*

que a gente pesquisou. Elas vão aprender com a exposição que vocês vão fazer, né? Então, o que a gente vai fazer?

Criança Ju – A gente mostra o cartaz, aí di / diz "água mole pedra dura, tanto bate até que fura".

Professora A – É, mas tem que dizer o que que isso significa. O que é, Vitor?

Criança Vi – Que o negro, de tanto tentar fugir, consegue quebrar a pedra e consegue a liberdade.

Professora A – E quem era a pedra?

Criança Ju – Os brancos que prendiam.

Professora A – Muito bem! Vamos lá?

Merece destaque, no evento acima, o trecho em que a professora interroga: "Então, o que a gente vai fazer?" e uma das meninas do grupo responde: "A gente mostra o cartaz, aí di / diz "água mole pedra dura, tanto bate até que fura", pois indica o início da apropriação da criança de algumas estratégias para apresentar a exposição, como a importância de fazer referência ao objeto que está sendo exposto.

No mesmo evento, é possível ainda observar indícios dessa apropriação na fala de outra criança, quando essa responde à indagação da professora A acerca do que precisa ser explicado ao público presente para que esse ouça os alunos. O menino responde afirmando o significado do ditado popular a ser apresentado pelo grupo. Não emergem nos dados analisados atuações improvisadas, seja por parte da professora A, seja por parte das crianças da sua sala, no momento das apresentações.

O cenário exposto no fragmento acima não está relacionado a uma oralização de um texto escrito, mas às reflexões que a professora A fez com sua turma sobre como a monitora do museu apresentou a exposição.

Devido à organização da sala em grupos, nem todas as crianças responderam à indagação da professora sobre "Então, o que a gente vai fazer?". Portanto, essa análise sobre a aprendizagem não pode ser generalizada a cada uma das crianças.

Embora a sequência didática planejada para a turma da professora A contemple atividades de reflexão sobre as etapas de apresentação da exposição, o fato de a professora A tomar para si a tarefa de apresentar ao público o percurso da construção do trabalho realizado por sua turma foi um evento curioso, pois isso pode ser um indício de que, mesmo seguindo um planejamento, a docente quis fazer parte dos momentos vivenciados por seus alunos e fazer suas próprias escolhas, ou seja, aponta para uma ação reflexiva por parte da docente.

A respeito dos aspectos linguísticos da exposição, foram analisados alguns marcadores conversacionais, tais como sinalizadores da abertura de uma exposição, elementos responsáveis pela coesão temática, marcadores argumentativos, correções e reformulações, repetições e paráfrases.

Nos grupos da professora A, foi possível perceber que tais elementos foram usados durante a exposição. Vejamos a seguir a transcrição das falas de um dos grupos de crianças da professora A:

Grupo 1

Professora A – Boa tarde! Quais os nomes de vocês?

Criança Ig – Boa tarde. Meu nome é Ig. (com voz alta, porém rápida)

Criança Yas – Boa tarde. Meu nome é Yas. (com as mãos para trás, em tom de voz claro e alto)

Criança Ti – Boa tarde! Meu nome é Ti. (em tom rápido e sorrindo)

Criança Gab – Boa tarde! Meu nome é Gab. (Ti e Gab, com uma das mãos, seguram o cartaz enquanto a outra mão fica para trás. Ig e Yas se posicionam ao lado dos colegas)

Professora A – Qual é o ditado que o grupo vai falar? Sobre o que é?

Criança Yas – O ditado é "cada macaco no seu galho". (em tom claro e olhando para o desenho do cartaz)

Professora A – O que é isso?

Criança Ig – É o negro que diz que branco não pode ficar na mesma casa que ele.

Professora A – Por quê?

Criança Gab – Porque o negro era escravo [voz de Ig – O / o negro era / era escravo e pobre e tinha que ficar na / na senzala] (fala em tom alto, aponta para o desenho que representa a senzala olhando para a plateia)

Criança Yas – E o branco ficava na casa bem bonita e rica. (gesticulando com a cabeça e com as mãos como se estivesse explicando, aponta para o desenho da casa colorida)

Professora A – Vocês entenderam? (perguntando à plateia)

Aud – Entendemos. (em coro)

Professora A – Parabéns para o grupo! Palmas, minha gente!
Criança Yas – Obrigado!

Podem ser destacados nesse trecho: a saudação inicial, sinalizando a abertura da exposição; marcadores coesivos que garantem a coesão temática, marcados em itálico no trecho acima; indícios de apropriação das habilidades de reformulação do texto, quando as crianças Ig e Yas explicam o significado do ditado popular apresentado pelo grupo; e marcadores argumentativos, por exemplo, o "porque", presente na fala da criança Gab.

Esses dados são curiosos, pois, embora as atividades da sequência didática para a exposição contemplassem objetivos de aprendizagem dos elementos linguísticos, esses elementos e seus significados não foram abordados de forma direta com as crianças, ou seja, ocorreram no decorrer do próprio trabalho com o gênero *exposição*. Porém, não quer dizer que tais elementos não mereçam reflexões mais específicas nas aulas de língua materna em outros níveis de ensino. Todavia, essas não necessitam ser atreladas à memorização de regras gramaticais, sobretudo na Educação Infantil, em que os objetivos de ensino, via de regra, precisam ser pensados em favor dos potenciais das crianças.

Para concluir, algumas reflexões iniciais...

Ao longo de toda a investigação, foi evidenciada a necessidade de refletir com os professores, nos espaços de formação continuada, a temática dos gêneros orais, visando ampliar o saber docente sobre como utilizar esses instrumentos. Da mesma forma, constatou-se também a necessidade de refletir acerca das estratégias para abordá-los frente às crianças em início de idade escolar, evitando, dessa forma, que a oralização de textos escritos, acompanhada de repetições, seja atividade recorrente nas turmas de Educação Infantil.

A partir das considerações acima, algumas questões, porém, ficaram em aberto: o que os professores da Educação Infantil compreendem acerca do trabalho com gêneros orais? Oralizar textos escritos contribui para a aprendizagem infantil das práticas orais? Em caso afirmativo, como e em quais aspectos? Em caso negativo, como têm sido as estratégias de oralização?

Para responder a essas questões, há um caminho extenso a ser percorrido nos espaços de formação dos professores, visando contribuir para aprimorar o trabalho com os textos orais na sala de aula. Isso porque não é possível afirmar com precisão como a exposição oral seria trabalhada na sala da professora A caso não fosse sugerida a essa docente uma sequência didática. No entanto, cabe ressaltar que se trata apenas de algumas questões inconclusas que têm por intuito subsidiar outras reflexões.

Referências

BAKHTIN, Mikhail. Os gêneros do discurso. In: BAKHTIN, Mikhail. *Estética da criação verbal*. 4. ed. São Paulo: Martins Fontes, 2003.

BANKS-LEITE, Luci. *Aspectos argumentativos e polifônicos da linguagem da criança em idade pré-escola*. Tese (Doutorado em Linguística) – Instituto de Estudos da Linguagem, Universidade de Campinas, Campinas, 1996.

BRANDÃO, Ana Carolina Perrusi; ROSA, Ester Calland de Souza. *Ler e escrever na educação infantil*: discutindo práticas pedagógicas. Belo Horizonte: Autêntica, 2010.

BRASIL. Ministério da Educação. Secretaria de Educação Fundamental. *Referenciais Curriculares Nacionais para Educação Infantil*. Brasília: Ministério da Educação/Secretaria de Educação Fundamental, 2001.

BRONCKART, Jean-Paul. *Atividades de Linguagens, texto e discursos*. Por um interacionismo sócio-discursivo. Trad. Anna Rachel Machado e Péricles Cunha. São Paulo: Educ, 1997-1999.

MARCUSCHI, Luiz Antonio. *Da fala para escrita*: atividades de retextualização. 4. ed. São Paulo: Cortez, 2003.

SCHNEUWLY, Bernard; DOLZ, Joaquim (Org.). *Gêneros orais e escritos na escola*. Campinas: Mercado de Letras, 2004a.

SCHNEUWLY, Bernard; DOLZ, Joaquim. Gêneros e tipos de discursos: considerações psicológicas e ontogenéticas. In: SCHNEUWLY, Bernard; DOLZ, Joaquim (Org.). *Gêneros orais e escritos na escola*. Campinas: Mercado de Letras, 2004b.

SCHNEUWLY, Bernard *et al*. A exposição oral. In: SCHNEUWLY, Bernard; DOLZ, Joaquim (Org.). *Gêneros orais e escritos na escola*. Campinas: Mercado de Letras, 2004.

SILVA, Walburga Arns da. *Cala a boca não morreu...*: a linguagem na pré-escola. Petrópolis: Vozes, 1987.

ZABALA, Antoni. *A prática educativa*. Porto Alegre: Artmed, 2004.

Os autores

Ana Carolina Perrusi Brandão

Doutora em Psicologia pela UniversityofSussex e professora da Universidade Federal de Pernambuco (UFPE).Atua no curso de Pedagogia e na Pós-graduação em Educação. Tem desenvolvido pesquisas e publicado artigos nas seguintes áreas: leitura e escrita na Educação Infantil, alfabetização, compreensão de textos e ensino da argumentação nas séries iniciais. É membro do Centro de Estudos em Educação e Linguagem (CEEL), no qualparticipa de diversos programas de formação de professores e de produção e análise de materiais didáticos.

Ana Gabriela de Souza Seal

Doutoranda em Educação pela UFPE, professora na graduação dos cursos de Licenciatura da Universidade Federal Rural do Semiárido (UFERSA). É membro do CEEL e do Grupo de Estudos em Tecnologia e Aprendizagem (GETA/UFERSA). Desenvolve pesquisas sobre alfabetização e ensino da língua portuguesa. Ministrou diversos cursos sobre – Educação e Linguagem – nos estados de Pernambuco e Rio Grande do Norte pelo CEEL. Orienta as atividades do PIBID na Licenciatura em Computação da UFERSA, em iniciativas de reflexão sobre a aprendizagem da linguagem, bem como participa como colaboradora do PET Conexões nas atividades relativas aoletramento digital.

Ana Lima

Doutora em Linguística e Língua Portuguesa e professora de Língua Portuguesa do Departamento de Letras da Universidade Federal de Pernambuco, no qual, atualmente, também exerce as funções de coordenadora do Setor de Língua Portuguesa e de vice-coordenadora do Bacharelado em Letras. Desenvolve pesquisa sobre a subordinação adjetiva e tem participado de diversos eventos na área de ensino de língua portuguesa. É membro efetivo do CEEL, no qual tem atuado como professora, formadora e coordenadora, em ações variadas.

Beth Marcuschi

Doutora em Linguística, professora na graduação e na pós-graduação de Letras da Universidade Federal de Pernambuco. É pesquisadora do Centro de Estudos em Educação e Linguagem. Desenvolve pesquisas sobre produção de texto; livro didático de língua portuguesa; gêneros textuais e ensino. Orientou várias dissertações de mestrado e teses de doutorado, sobretudo na linha de pesquisa "Linguagem, tecnologia e ensino". Organizou livros e publicou vários artigos em sua área de interesse. Tem participado, como coordenadora, professora e orientadora, de cursos de formação para professores das redes públicas de Pernambuco.

Carmi Ferraz Santos

Doutora em Linguística Aplicada, professora da Universidade Federal Rural de Pernambuco no curso de Licenciatura em Pedagogia. Tem experiência nas áreas de Educação e Linguagem, com ênfase em formação de professor. Participa do Centro de Estudos em Educação e Linguagem como coordenadora do portal e é formadora em cursos de formação de professores.

Cristina Teixeira Vieira de Melo

Doutora em Linguística pela Universidade Estadual de Campinas (Unicamp), professora na graduação e na pós-graduação de Comunicação Social da Universidade Federal de Pernambuco e membro do Centro de Estudos em Educação e Linguagem. Desenvolve pesquisas sobre materiais didáticos, educação a distância, análise do discurso, oralidade e linguagem audiovisual. Tem vários artigos publicados em suas áreas de interesse.

Danielle da Mota Bastos

Mestre em Educação pela Universidade Federal de Pernambuco. É professora efetiva de Língua Portuguesa da Rede Estadual de Ensino. Tem experiência na área de Letras, com ênfase em língua portuguesa, leitura, análise linguística e metodologia do ensino de língua materna. Participa do Centro de Estudos em Educação e Linguagem como formadora de professores dosensinos Fundamental e Médio.

Débora Amorim Gomes da Costa-Maciel

Mestre em Educação e doutoranda pela Universidade Federal de Pernambuco. Professora assistente da UFPE,atua na graduação dos cursos dePedagogia, Letras, Licenciatura em Informática e nos cursos de pós-graduação da referida instituição. Desenvolve pesquisas sobre oralidade, livro didático e saberes docentes. Participa do Centro de Estudos em Educação e Linguagem como formadora de professores da Educação Infantil e do Ensino Fundamental.

Ewerton Ávila

Mestre em Letras na área de Linguística pela Universidade Federal de Pernambuco, professor da Universidade Federal Rural de Pernambuco e da Faculdade Santa Catarina. Realiza estudos na área de ensino de língua e é integrante do Núcleo de Estudos Linguísticos da Fala e Escrita (NELFE) e do Grupo de Estudos em Compreensão e Produção (Inter)Linguísticas (NUCEPI). Atua com formação de professores e é membro do Centro de Estudos em Educação e Linguagem (CEEL).

Gláucia Nascimento

Doutora em Letras, professora da Universidade Federal de Pernambuco, atuando no Centro Acadêmico do Agreste em turmas da graduação dos cursos de Licenciatura. Desenvolve pesquisas sobre ensino de língua portuguesa e escrita de pessoas surdas. Tem artigos publicados em sua área de atuação. É membro do conselho deliberativo do Centro de Estudos em Educação e Linguagem, em que tem atuado como avaliadora de livros e como professora de cursos de formação continuada para professores de redes públicas de ensino.

Jaciara Josefa Gomes

Doutoranda em Linguística pela Universidade Federal de Pernambuco, professora da UFPE no curso de Licenciatura em Letras e na pós-graduação. Realiza pesquisas sobre o ensino de língua (oral e escrita). Atua como formadora em projetos de formação continuada da Secretaria de Educação e Cultura de Pernambuco e presta assessoria a professores do Ensino Fundamental em formações coordenadas pelo Centro de Estudos em Educação e Linguagem.

Juliana de Melo Lima

Mestre em Educação e graduada em Pedagogia pela Universidade Federal de Pernambuco. Desenvolve pesquisas sobre o ensino dos gêneros textuais e avaliação. Assessora a coordenação de um colégio da rede privada de Recife e é membro do Centro de Estudos em Educação e Linguagem, onde atua como parecerista, integrante de equipe de produção de materiais didáticos e formadora de cursos para professores das redes públicas de ensino do país.

Julliane Campelo do Nascimento

Graduada em Letras e em Pedagogia pela Universidade Federal de Pernambuco. Possui especialização em Alfabetização pela Faculdade Frassineti do Recife. Atua como professora de Língua Inglesa e Língua Portuguesa pelo Governo do Estado de Pernambuco. É membro do Centro de Estudos em Educação e Linguagem, em que participa como bolsista do grupo de pesquisa no ensino de Alfabetização.

Leila Nascimento da Silva

Doutoranda em Educação pela Universidade Federal de Pernambuco (UFPE) e docente temporária do Departamento de Métodos e Técnicas de Ensino do Centro de Educação/UFP. Atua também como coordenadora educacional da Prefeitura de Jaboatão dos Guararapes, docente da Universidade Estadual Vale do Acaraú (UVA/ISEAD) e membro do Centro de Estudos em Educação e Linguagem (CEEL/UFPE). Tem participado de vários cursos de formação de professores de redes públicas de ensino, bem como de outros trabalhos técnicos relacionados à área. Desenvolve pesquisas sobre as estratégias didáticas utilizadas por professores no ensino da paragrafação e sobre as habilidades de produção textual das crianças.

Maria Lúcia Ferreira de Figueiredo Barbosa

Doutora em Linguística pela UFPE. Nessa instituição, leciona na graduação em Pedagogia e na Pós-Graduação em Educação. Atualmente, desenvolve pesquisa sobre alfabetização e letramento de jovens e adultos e orienta dissertações de mestrado e teses de doutorado na linha de pesquisa "Educação e Linguagem". É membro do Centro de Estudos em Educação e Linguagem, em que atua na formação de professores de Língua Portuguesa do Ensino Fundamental.

Maria Tereza Gomes do Nascimento

Mestre em Educação, Especialista em leitura, produção e avaliação de textos e graduada em Pedagogia pela Universidade Federal de Pernambuco. Foi professora da Educação Infantil e das séries iniciais da Prefeitura do Recife. É colaboradora do CEEL onde participou de ação voltada a formação em serviço de professores da Rede Municipal de Ensino de Camaragibe. Atualmente é analista do Instituto Nacional do Seguro Social (INSS) onde ingressou como pedagoga. Professora da Pós-Graduação *latu sensu* da Faculdade Católica do Cariri. Publicou artigos em anais de congressos sobre concepção de língua e texto dos professores das séries iniciais, linguagem oral e avaliação de língua materna.

Marianne Bezerra Cavalcante

Doutora em Linguística pela Unicamp na área de Aquisição da Linguagem, coordenadora do Laboratório de Aquisição da Fala e da Escrita (LAFE), vinculado ao Programa de Pós-graduação em Linguística (PROLING) da Universidade Federal da Paraíba (UFPB), epesquisadora do CNPq. Os principais temas de pesquisa envolvem a interação mãe-bebê e a multimodalidade (gesto e voz); oralidade e ensino; materiais didáticos e ensino de língua materna.

Normanda Beserra

Doutora em Letras pela Universidade Federal de Pernambuco. Foi professora de Língua Portuguesa do Instituto Federal de Educação, Ciência e Tecnologia de Pernambuco (IFPE) até 2009, tendo atuado como professora e orientadora em cursos de Pós-Graduação *lato sensu*, tanto no IFPE quanto na UFPE. Atualmente, é professora substituta da Universidade Federal de Pernambuco. Integra o Centro de Estudos em Educação e Linguagem, no qual desenvolve atividades de formação de professores e produção e análise de materiais didáticos. Tem publicações na área de Linguística Aplicada ao Ensino de Português e atua principalmente nos seguintes temas: leitura, gêneros textuais, avaliação, ciclo de aprendizagem e formação de professores.

Marineusa Alvino da Silva Lima

Graduada em Pedagogia pela Universidade Federal de Pernambuco. Atuou como professora alfabetizadora e formadora de leitores e atualmenteexerce a função de técnica pedagógica na Secretaria de Educação, Esportes e Lazer da Prefeitura do Recife.

Rosa Maria de Souza Leal

Mestre em Educação, especialista em Metodologia do Ensino de Língua Portuguesa e em Planejamento Educacional e graduada em Letras. É professora de Língua Portuguesa da Faculdade Santa Helena e orienta trabalhos de conclusão de curso no Curso de Pós-Graduação da FACIPE. É membro da equipe de ensino da Secretaria de Educação de Pernambuco, com atuação em formação de professores. Desenvolve pesquisa em metodologia de ensino de língua portuguesa e educação em direitos humanos.

Siane Gois

Doutora em Letras, professora do Departamento de Letras da UFPE – nas modalidades presencial e a distância – e, atualmente, coordenadora do curso de graduação em Letras – Licenciatura. É membro do Núcleo de Estudos em Compreensão e Produção Interlinguísticas (NUCEPI) e do Centro de Estudos em Educação e Linguagem. Foi professora da Secretaria de Educação do Estado de Pernambuco e atuou como técnica em educação, na Gerência de Políticas Educacionais. Tem experiência na área de Letras, com ênfase em língua portuguesa, leitura e de produção de texto, atuando, principalmente, com a teoria da enunciação e a análise do discurso.

Telma Ferraz Leal

Doutora em Psicologia, professora na graduação do curso de Pedagogia e na Pós-Graduação em Educação da Universidade Federal de Pernambuco. É membro do Centro de Estudos em Educação e Linguagem e desenvolve pesquisas sobre alfabetização e ensino da língua portuguesa. Orientou várias dissertações de mestrado e teses de doutorado, sobretudo na linha de pesquisa "Educação e Linguagem". Organizou livros e publicou vários artigos em sua área de interesse. Tem participado, como coordenadora, professora e orientadora, de cursos de formação para professores de redes públicas de ensino em diferentes estados brasileiros.

Este livro foi composto com tipografia Times New Roman e impresso em papel Off-White 70 g/m² na Formato Artes Gráficas.